Regina und Gerd Riepe

Du schwarz – ich weiß

DU
SCHWARZ
ICH
WEISS

REGINA UND GERD RIEPE

DU SCHWARZ – ICH WEISS

BILDER UND TEXTE
GEGEN DEN ALLTÄGLICHEN RASSISMUS

PETER HAMMER VERLAG
GEMEINSAM MIT DER DEUTSCHEN WELTHUNGERHILFE

Umschlagmotive: Liebigs-Sammelbild
Kugelschreiber, gekauft in Düsseldorf 1989, auf Knopfdruck erscheint die schwarze Barbusige.
Umschlagrückseite: Jamara-Rum 1982, Flaschenetikett

Die Deutsche Bibliothek – CIP-Einheitsaufnahme

Du schwarz – ich weiss: Bilder und Texte gegen den alltäglichen Rassismus / Regina und Gerd Riepe. – 2. Aufl. –
Wuppertal: Hammer, 1992
(Peter-Hammer-Taschenbuch; 72)
ISBN 3-87294-477-0
NE: Riepe, Regina; Riepe, Gerd; GT

Umschlaggestaltung und Layout: Magdalene Krumbeck
Lektorat: Sabine Dörrich
Satz: TypoTeam Goetzke & Paschke, Öhringen
Druck: Clausen & Bosse, Leck

INHALT

Gerd und *Regina Riepe*, verh., 3 Kinder, leben in Haan.
Nach mehreren Studienaufenthalten in Westafrika, Kenia, Lesotho und Südafrika lebten und arbeiteten sie zwei Jahre in Kamerun.
Regina Riepe (Diplompsychologin) und Gerd Riepe (Lehrer an einer Berufsschule) arbeiten nach ihrer Rückkehr im Bereich der Erwachsenenbildung und versuchen, durch Vorträge und Arbeitsmaterialien ein nicht-rassistisches Bild vom Leben und der Kultur der Menschen in Afrika zu zeichnen.
Ein besonderer Arbeitsschwerpunkt ist dabei die Sammlung ‚Unser Bild vom schwarzen Mann', die Grundlage dieses Buches ist.

VORWORT

„Und Gott der Herr pflanzte einen Garten in Eden gegen Osten hin und setzte den Menschen hinein."

So steht es im ersten Buch Mose. Nun bestätigt der Genetiker Loigi Loca Cavalli-Sforza von der Standford-Universität in Kalifornien: „Es gab den Garten Eden, und er lag in OSTAFRIKA."

Die erste Eva war, nach jetzigem Wissensstand, wahrscheinlich schwarz. Die Konsequenz: Alle Menschen sind Brüder und Schwestern, sie stammen alle von dieser afrikanischen „Ur-Eva" ab. Die Hautfarbe ist bedingt durch das Klima und die geschichtliche Entwicklung der Menschen. Rassische Theorien, die eine Hierarchie der Begabung entsprechend der Hautfarbe vertreten, sind damit wissenschaftlich unhaltbar geworden.

Natürlich haben sich in Jahrtausenden kulturelle und religiöse Unterschiede entwickelt, die die Menschen trennen und „klassifizieren". Doch Rassismus war und ist immer bewußter Mißbrauch politischer und ökonomischer Macht zur Ausbeutung von Minderheiten und Sicherung der politischen und wirtschaftlichen Vorherrschaft der eigenen Gruppe. Rassismus wird geschürt, wenn Minoritäten um knappe Ressourcen konkurrieren.

Rassismus ist aus Angst geboren: vor dem Fremden, dem nicht Einschätzbaren, dem Wagnis der Öffnung und der Furcht, teilen zu müssen. Selten gründet Rassismus auf persönlichen Erfahrungen. Er steckt im System: im System der Manipulation und der Ablenkung von eigenen Problemen und Unzulänglichkeiten.

Nicht nur bei uns in Deutschland: Rassismus ist eine weltweite Plage, ein Instrument der Verführung und Irreführung in allen Kontinenten und Ländern, benutzt zur systematischen politischen und wirtschaftlichen Unterdrückung bis hin zu Gewalt und Krieg. Gerade unsere Geschichte lehrt uns die grauenhaften Folgen des Rassismus. Und gerade wir müssen uns um besondere Sensibilität im Umgang mit anderen Menschen und Kulturen bemühen.

Deshalb ist dieses Buch so wichtig: Weil es seine Leserinnen und Leser zwingt, sich mit dem Problem auseinanderzusetzen. Nicht mit erhobenem Zeigefinger, sondern einfühlsam und eindringlich beleuchtet es alle Schattierungen des Rassismus in unserer Gesellschaft.

Die Deutsche Welthungerhilfe unterstützt die Herausgabe dieses Buches aus gutem Grund: Entwicklungspolitische Öffentlichkeitsarbeit muß an die Wurzeln des Rassismus gehen. Sie muß hier beginnen, das Bewußtsein für EINE WELT zu schaffen. Sie muß klarmachen, daß es nicht um Probleme und Projekte geht, sondern um Menschen.

Alle Menschen haben dieselbe „Urmutter". Alle Menschen sind gleich. Jede und jeder von uns, alle Menschen weltweit, müssen lernen, rassische Vorurteile abzubauen, um miteinander diese EINE WELT friedlich zu gestalten.

Ich wünsche mir, daß dieses Buch von vielen gelesen und angenommen wird. Es sollte zur Pflichtlektüre an Schulen werden!

Dr. Helga Henselder-Barzel

Vorstandsvorsitzende der Deutschen Welthungerhilfe

VORWORT

„Du schwarz - ich weiß."
Was weiß ich? Bin ich Mitwisser? Und wovon soll ich überhaupt etwas wissen? „Was ich nicht weiß, macht mich nicht heiß", sagt der Volksmund. Vom Holocaust hat auch keiner gewußt, denn Wissen konnte anstrengend und gefährlich sein. Aber das kann doch nicht der Weisheit letzter Schluß sein, denn sonst stehen wir im dunklen und müssen schwarz sehen für die Zukunft. Nur: Schwarzmalen gilt nicht und wir wollen auch keinen Schwarzen Peter des Rassismus verteilen. Stattdessen werden wir uns dem Wissen auf andere Art und Weise nähern: nämlich mit viel schwarzem Humor.

Nach unserem ersten Aufenthalt in Afrika im Jahre 1972 wußten wir sehr genau, daß wir so gut wie nichts über Afrika wußten, außer unseren Bildern im Kopf. Doch die Bilder stimmten weder mit Bobo Dioulasso noch mit Johannesburg überein, hatten nichts mit den Menschen in Porto Novo oder Kisumu gemein. Diese Erkenntnis ließ uns nicht ruhen, und so sammelten wir all die Bilder und Bücher, Figuren und Lieder, die die Bilder über Afrika in unseren Köpfen erzeugt hatten. Mit jedem weiteren Stück dieser „Nega-Sammlung" wurde die Frage dringender: „Warum wird dieses Afrika, werden die Menschen mit dunkler Hautfarbe so verzerrt dargestellt?" Langsam dämmerte es uns, daß diese Klischees eine sehr lange Tradition hatten und über all die Jahre hinweg sehr nützlich für uns waren, sowohl für die Ausbeutung eines ganzen Kontinents - mit einem sichtbaren Höhepunkt in der Kolonialzeit -, als auch für das persönliche Wertgefühl, denn besser als „die" bin ich allemal.
Bei uns wird „Du schwarz" buchstabiert mit Hoyerswerder und Saarlouis, mit Asylantenschwemme und Überfremdung und dabei ist der Schwarze der „Fremde par excellence", den es auszugrenzen gilt. Das heißt aber auch, mit ihm läßt sich das Phänomen Rassismus analysieren und aus der Analyse wachsen Erkenntnisse für eine Antirassismusarbeit.

So finden Sie in diesem Buch einen Teil unserer Erfahrungen und Sammlungsstücke in drei Blöcken: einen mit den historischen Wurzeln und Hintergründen, einen zweiten zum Entdecken der verschiedenen Facetten, in denen sich der Rassismus zeigt, nämlich vom Stummen Diener über die Zehn kleinen Negerlein bis hin zum Nickneger. Der dritte Teil ist nicht der Dritten Welt gewidmet, sondern mehr den praktischen Schlüssen für die Arbeit vor Ort in unserer Welt. Je nach Interesse sollten Sie mit irgendeinem Kapitel anfangen - oder besser noch, Sie blättern das Buch einfach durch und lassen sich von den Bildern anregen. Und wenn Sie dann über eine der Kuriositäten lachen oder „alte Bekannte" wiederfinden, dann sind Sie schon mitten in einer spannenden Entdeckungsreise.
Gleich wo und wie Sie ins Buch einsteigen, gleich welche Empörung Sie packt, welche Wut Sie im Bauch haben, - sauertöpfische Menschen haben in dieser Welt noch nie etwas verändert. Wir wünschen Ihnen deshalb bei der Lektüre dieses Buches ein Lachen im Gesicht, vielleicht ein erkennendes, befreiendes Lachen über uns selbst, denn die Bilder vom Fremden sind immer auch - und vor allem - unsere eigenen Bilder. Oder, wie Satre einmal gesagt hat: Es genügt zu zeigen, was wir aus ihnen gemacht haben, um zu erkennen, was wir aus uns gemacht haben.

Regina und Gerd Riepe

I. Geschichte des Rassismus

VON HÜHNERN UND MENSCHEN
Von der Rasse zum Rassismus

Neger- und Juden-Typen aus Constantine.

Das provozierende Verhalten

Vom „Sozialbetrug“ und dem Ärger über die Schwarzafrikaner

Auf die Frage, was denn im Grunde so schlimm sei an der Anwesenheit bzw. am Verhalten von Schwarzafrikanern in Eschweiler brachte ein Bürger, der nicht genannt werden will, den Unmut vieler auf den Punkt: „Das herausfordernde Verhalten. Wenn die mit einem mit fünf Mann entgegenkommen, daß man Angst kriegt vorbeizugehen.“ Die alte Angst vorm schwarzen Mann und die kleine Rache am weißen Herrscher – der eigentliche „Sozialbetrug“?

BOCHUM. (lnw) Die Deutschen nehmen bei der offenen Zurückweisung von ethnischen Minderheiten eine Spitzenstellung im internationalen Vergleich ein.

Dies ist das Ergebnis einer bereits 1988 in vier westeuropäischen Staaten und den USA vor-

Deutsche „führen“ bei Vorurteilen

Brandanschläge, Überfälle, Festnahmen

ntativen stellung wichtig- jeweili- worden Spitzen- la von Deut- ng von te Ul- oge an Diens- er der west- i der befragt

Ein Wochenende der Gewalt gegen Ausländer

Umfrage: Zahl der Asylanten begrenzen

Mainz. (AP) Jeder zweite Bundesbürger ist dafür ...

Prozent der ... recht grundsät... sprachen sich aber 53 Prozent der Befragten in Ost und West dafür aus ...

Franzosen, Briten und Holländer hegten nach den jetzt vorgelegten Ergebnissen der Studie weniger Vorurteile ... ausgewählten Ländern ... Menschen aus ... zialen Schichten, mit geringem Bildungsstand und konservativen politischen Ansichten ...

Die Schwarzen, die Juden und der Rassismus

BKA-Sprecher: „Diffuse Ausländerfeindlichkeit“

... für eine Fristenlösung bei Abtreibungen. **(Hintergrund)**

Das ist doch kein Rassismus!

Nach dem Geburtstagskaffee wärmt man sich bei Schnaps und Bier und die Stimmung steigt. Bis – ja bis einer auf die Sache mit den Asylanten kommt. Jetzt wird's laut, so daß die Frauen bei Likör und Wein besorgt dreinschauen und sich schließlich ins Männergespräch einmischen. Bis zum Abendessen ist ein Teil der Besucher abgedampft und der Rest sitzt betreten bei Tisch, peinlich besorgt, das Thema nicht mehr zu erwähnen. Hatte doch der junge Müller den Onkel Jupp einen *Rassisten* genannt, obwohl der doch gar nichts gegen Neger hat! Aber selbst die „Hildener Woche“ hatte zum Übergangsheim geschrieben:

„Auch mit der Sauberkeit steht es nicht schlecht, denn zum Beispiel das Übergangsheim Richrather Straße, welches hauptsächlich von Polen (also europäischer Mentalität) bewohnt wird, ist sogar teilweise mit Teppichboden ausgelegt und auch sonst sehr gepflegt.

Die afrikanische Mentalität hingegen, welche in der Benrather Straße zu Hause ist, nimmt es mit der Ordnung und Sauberkeit nicht allzu pingelig, so kann es auch schon einmal vorkommen, daß hie und da eine Küchenschublade fehlt, oder daß der Braten im Backofen schmort, wo nicht nur die Ofentüre offen ist, sondern sogar ganz fehlt.“ [1]

„Die passen einfach nicht zu uns“, hatte Onkel Jupp gemeint. Jemand warf ihm daraufhin Vorurteile vor und der junge Müller aus dem Nachbarhaus kam dann mit dem Rassismus. Solch eine Beleidigung konnte Onkel Jupp nicht auf sich sitzen lassen. Und dann flogen die Wort-Fetzen, bis die Geburtstagsstimmung gründlich verdorben war.

Viele von uns kennen solche Diskussionen: Da wirft man sich Begriffe an den Kopf, wie z.B. „... lauter Vorurteile ...“, „hast wohl nur Klischees im Kopf“, oder „das ist doch der reinste Rassismus!“ Spätestens beim „Rassismus“-Vorwurf geht der andere hoch – denn Rassismus gibt's doch höchstens in Südafrika. Wir hier haben vielleicht einige Vorbehalte und Ängste gegenüber all den Fremden, die uns überfluten – aber das ist ja auch verständlich ...

Schauen wir uns doch diesen emotional beladenen Begriff etwas näher an - *Rassismus - was ist das eigentlich?*

Zum Begriff „Rasse"

Während uns der Ausdruck *Rasse* aus dem Bereich der Tierkunde und Tierzucht (Kreuzung von Haustierrassen, Vererbung, reinrassig, Mischling) seit langem vertraut ist, wurde dieser Begriff erst gegen

Abb. 19. Mittlere Vererbung bei der Kreuzung von schwarzen und weißen Hühnern. Mischlinge: „Blaue Andalusier." (Nach Lang.)

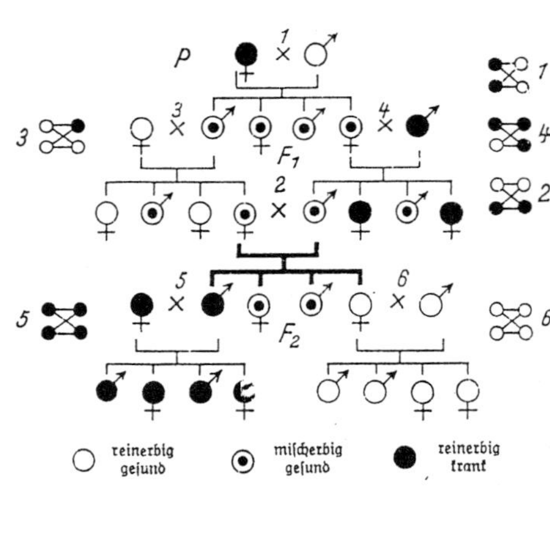

Ende des 19. Jh. auf Menschen angewandt und systematisch von verschiedenen *Menschenrassen* gesprochen. „Erst das Zeitalter der Weltreisen und Entdeckungen ermöglichte den vollen Überblick über die Menschengruppen des Erdballs", meinte der Anthropologe Kretschmer dazu. Er versteht unter *Rassen* „Menschengruppen, deren gemeinsame erbstabile körperliche Merkmale sich von anderen Gruppen deutlich unterscheiden." [2]

Gründlich wurden Menschen aus allen Kontinenten vermessen - gezeichnet - fotografiert und *klassifiziert*, denn körperlichen Merk-

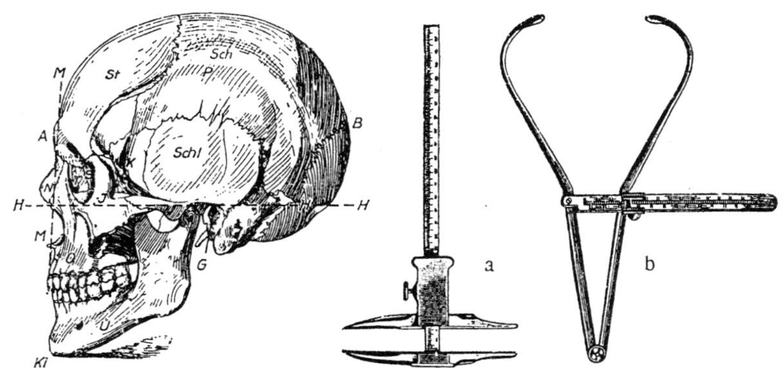

malen wurden immer auch „geistig-seelische Qualitäten" zugeordnet. Folgerichtig schreibt Prof. Kretschmer noch 1972, daß es berechtigt sei, seelische Unterschiede bei den verschiedenen Rassen anzunehmen, auch wenn der Beweis dafür nicht voll erbracht wurde. [3]

So wurden wilde Theorien gesponnen - z.B. von Lanz von Liebenfels, der um 1920 ein einflußreicher Rassenpropagandist war:

„*Rasse* ist die Gesamtheit gewisser körperlicher und geistiger vererbbarer Merkmale, die den verschiedenen Entwicklungsstufen der Menschheit entspricht." [4]

Er behauptete ernsthaft, daß das Blut und die chemische Zusammensetzung des Körpers bei den verschiedenen Rassen ungleich sei. So verschlechterte sich der Zustand einer kranken Frau „germanischen Ursprungs" als sie das Blut einer „Jüdin" übertragen bekam. [5]

Zum Thema „*Neger*" gegenüber „*Menschen der norddeutschen Rasse*" liest man dort folgendes:

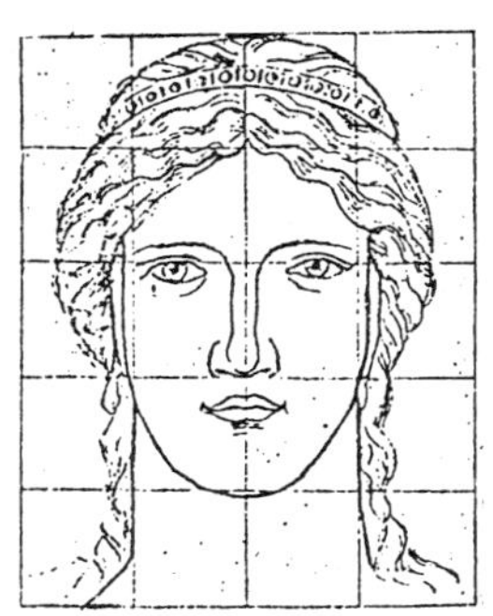

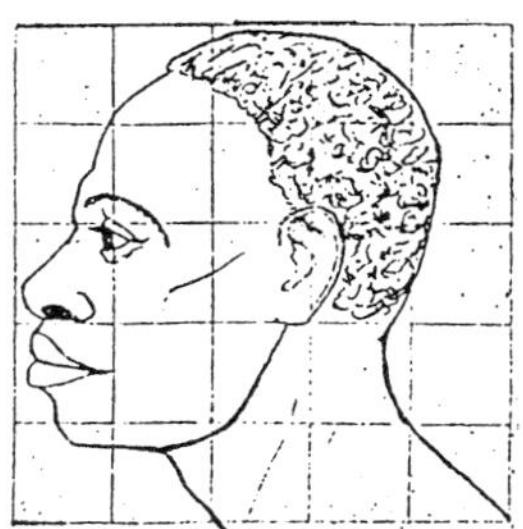

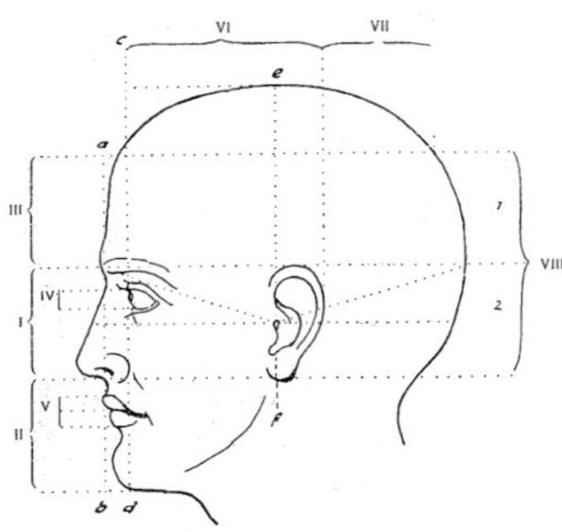

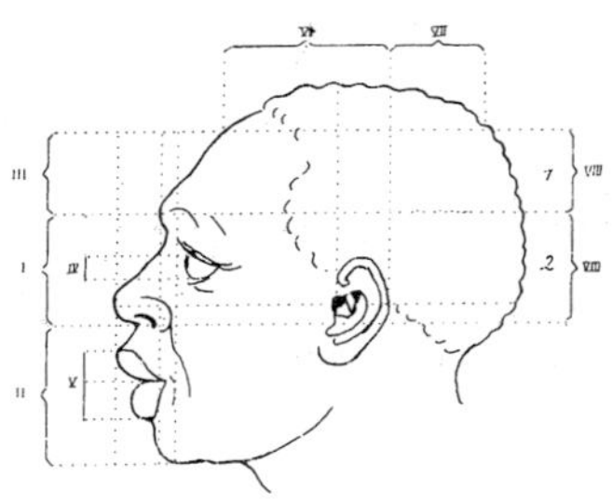

„Ist der Mund groß und sind die Lippen stark, dann sprechen wir von einer weichen Natur. Sobald ein so veranlagter Mensch in Erregung gerät, wird er in ungezügelte Stimmung versetzt. Als typisches Beispiel hierfür kann der sehr große Negermund gelten.“
„Willibald Henschel äußert sich über die primären Menschenrassen in seinem Werk 'Varuna', S. 55 u.a. wie folgt: ‚In dem Wortschatz aller Negersprachen spiegelt sich das charakteristische Merkmal des Negergeistes, das Vorwalten der Sinnentätigkeit und elementarer, triebhafter Regungen, aus welcher Verfassung sich eine für uns auffällige Unstetigkeit, und rascher Stimmungswechsel entwickeln; Impulsivität und Leidenschaftlichkeit, Laune und Willkür in allen Wertschätzungen, kurz - ein kindisches Wesen.'“
„Wie sehr die Gefühlskraft die Neger beherrscht, schildert auch Buoton zutreffend: 'Die Aufmerksamkeit des Äthiopiers richtet sich ausschließlich auf Gegenstände, die sich sehen, hören und fühlen lassen.'“
„Für derartige Menschen ist eine maßlose sinnliche, geistige und seelische Lebensart charakteristisch. Sie neigen zu kannibalischen Gelüsten.“
„Das Denken, Fühlen und Wollen nimmt bei ihnen dämonische Formen an.“
„Neger haben sehr breite Nasenlöcher. Sie sind für Sinnliches und Geschlechtliches besonders empfänglich. Was mit den niederen Sinnesorganen wahrgenommen werden kann, nehmen sie gern in sich auf. In dieser Beziehung haben sie eine weit stärkere Aufnahmefähigkeit als Menschen mit länglichen Nasenlöchern.“
„Die Nasenlöcher Friedrichs des Großen sind ausgesprochen länglich. Sie sind keineswegs schmal, sondern am Nasengrund mäßig gerundet und verengen sich nach der Spitze zu. Damit ist sowohl eine maßvolle sinnliche Aufnahmefähigkeit als auch ein Bedürfnis angezeigt, geistige Eindrücke in sich aufzunehmen.“ [6]

Lange nach Kolonialzeit und Nationalsozialismus erscheinen noch Bücher, die das Gedankengut des biologischen Rassismus verbreiten. Diese Äußerungen und Bilder stammen aus einem Werk, das 1958 in der 6. Auflage erschienen ist.

„Der Mensch der norddeutschen Rasse ist biochemisch am weitesten vom Affen entfernt, infolge seines hochentwickelten Nervensystems gegenüber den elektrischen Einwirkungen empfindlich, nach der Gestalt von den Affenmenschen und dem kindlichen Zustand am weitesten entfernt (...)

Der Neger ist körperlich dem elektrischen Strom gegenüber noch weniger empfindlich als die beiden ersten Rassen und steht dem Affen biochemisch näher als diese ..." [7]

In der Biologie hat sich mittlerweile der Begriff der Rasse als unbrauchbar für die Unterscheidung von Menschengruppen erwiesen. „Es wurde berechnet, daß allen Menschen ein Bestand von rund 6,7 Millionen Genen (Erbanlagen) gemeinsam ist, gleichermaßen gültig für Rassenstämme, Volksgruppen, Völker und die Individuen, welche diese Gruppen darstellen. Demgegenüber ist der Genunterschied zwischen einem ‚typischen' Weißen und einem ‚typischen' Schwarzen - hier den Begriff Typus als einander gegenüberstehende Extreme genommen - auf 6 bis höchstens 29 oder 30 geschätzt worden." [8]

Damit ist der Rassebegriff wissenschaftlich nicht mehr haltbar, es ist nach den neuesten Forschungsergebnissen unsinnig, Menschen in verschiedene Rassen aufzuteilen. So könnten wir den Rasse-Begriff eigentlich zur Seite legen - „wissenschaftlich nicht mehr haltbar" ist schließlich ein vernichtendes Urteil in unserer fortschrittsgläubigen Gesellschaft. Doch leider geht es so einfach nicht.

Die drei Bausteine des Rassismus

Wer in den letzten Monaten Zeitung las oder mit anderen über das sogenannte „Asylantenproblem" sprach, mußte feststellen, daß die alten biologischen Rassismustheorien den Sumpf bilden, auf dem die aktuellen Vorurteile nur so blühen. Trauen sich zwar nur noch die wenigsten, offen von „fremdem Blut" oder „minderwertigen Rassen" zu reden, so ist das Schlagwort von der „Durchrassung" unserer Gesellschaft immerhin von einem bekannten Politiker geprägt worden.

Eine Gruppe von schwarzen Studenten hat im Herbst '91 Zeitungsmeldungen aus dem Aachener Raum gesammelt: Es ist erschreckend, welches Ausmaß an Ablehnung und Gewalt gerade Afrikanern gegenüber darin dokumentiert wird. „Wieder wurde auf ein Wohnheim geschossen: Haß auf die Asylbewerber scheint jetzt zu eskalieren. Manche Autofahrer halten auf die Afrikaner zu“ [9] lautet eine Schlagzeile über die Situation in Monschau. „Die bloße Anwesenheit der Asylbewerber erzeugt bei manchem Bürger schon Unmut. Das vermeintliche Argument für dieses Verhalten: Die Asylbewerber könnten eines Tages ja mal irgend etwas Schlimmes anstellen ... Die Telefonzelle an der Austraße in Monschau wurde schon mehrfach mutwillig zerstört, um den Verdacht auf die Schwarzafrikaner im nahen Wohnheim zu lenken.“ [10]

Der Flüchtlingsrat in Aachen berichtete: „Am Mittwoch, den 5. Juni wurden zwei Nigerianer in Imgenbroich in einem Kaufhaus verdächtigt, Gürtel gestohlen zu haben. Sie mußten sich vor allen Leuten teilweise entkleiden. Die hinzugezogene Polizei durchsuchte auch noch die Wohnung und stellte dann die Unschuld fest. Als die Flüchtlinge zurück ins Kaufhaus gingen und die Verkäuferin wegen der falschen Anschuldigung ansprachen, wurden sie mit Polizeigewalt aus dem Einkaufsparadies entfernt.“ [11]

Die Zeitungen sind voll von Berichten über die Angst der Deutschen, über Mißverständnisse und Ärger. Aber selten sind Stimmen von Deutschen zu hören, die sagen: „Viele Deutsche fahren dauernd schwarz. Bei einem Schwarzen gibt die ASEAG (Aachener Busunternehmen) offenbar jedesmal eine Pressemeldung heraus.“ [12]

Häufiger wird vertuscht und abgewiegelt. Als in Saarlouis der Ghanaer Samuel Yeboah umgebracht wurde und weiterhin faschistische Skins die Asylwohnheime bedrohen (seit 1987 hat es dort fünf Brandanschläge gegeben!) wiegelt SPD-Bürgermeister Alfred Fuß ab: „Eine richtige Szene gibt es hier nicht.“ [13] Offenbar sehen viele den Rassismus lieber als „ostdeutsches Problem“, Hauptsache: weit weg und nicht wir!

Während wir tausende von geflüchteten Vietnamesen Ende der siebziger Jahre bereitwillig aufnahmen – schließlich galten sie als arbeitssam, bescheiden, sparsam und waren vor den Kommunisten

geflüchtet – und während auch heute noch von offizieller Seite betont wird, daß „deutschstämmige" Aussiedler nach wie vor willkommen sind, wächst die Ablehnung gegenüber Asylsuchenden, die eine dunkle Hautfarbe haben. Die Afrikaner sind uns halt am „fremdesten", „kommen aus dem Busch", und „wollen es sich hier nur gut ergehen lassen", wirken „bedrohlich". Der *soziale Rassismus* ist hier weiterhin ungebrochen. Immer noch werden in unserem Alltag soziale Merkmale mit körperlichen verbunden, werden Hautfarbe, Körperbau u. ä. zum Ausdruck des „inneren Charakters" bestimmt.

Wird eine so als „Rasse" konstruierte Gruppe gegenüber der eigenen als minderwertig eingestuft, und führt diese Auffassung zur Ausgrenzung und Unterdrückung dieser Gruppe, so handelt es sich um RASSISMUS! [14]

Und kommen noch die Strukturen der Ausgrenzung dazu – Gesetze, die Flüchtlingen den Sprachkurs und die Arbeit verweigern, verschärfte Ausländergesetze und besondere Kontrollen, so haben wir den Rassismus in unseren Strukturen verankert und damit eine neue Qualität geschaffen – den *strukturellen Rassismus*.

Der biologische, soziale und strukturelle Rassismus ergänzen und beziehen sich aufeinander. Nur weil eine latent rassistische Grundstimmung in der Bevölkerung herrscht - Ängste, die gefördert wurden durch Statistiken („die überschwemmen uns!"), Äußerungen von Politikern, unsensible lokale Verteilung von Flüchtlingen, Sprachbarrieren - nur deshalb ist es heute gesellschaftlich möglich, daß der Artikel 16 des Grundgesetzes zur Diskussion steht, Sammelunterkünfte, Lebensmittelgutscheine und Asylverfahren im Schnelldurchgang eine breite Zustimmung finden.

Die Konstruktion von Rassen, die zur Kolonialzeit „wissenschaftlich" kultiviert wurde, aber längst ihre Vorläufer in den Zeiten der Sklaverei und der sogenannten Entdeckungen hatte, muß eine wichtige Funktion erfüllen - anders ist die Beharrlichkeit nicht erklärbar, mit der daran festgehalten wird.

WIE EUROPA AFRIKA ENTDECKTE

Die Geschichte der Menschen in Afrika ist älter, als wir es uns vorstellen können. Und mit einiger Sicherheit stand die entwicklungsgeschichtliche Wiege der Menschheit in diesem Kontinent. Wie in Europa entstanden dort im Laufe der Jahrhunderte große Reiche, die blühten, zerfielen und sich wieder bildeten, gab es Völkerwanderungen und Kriege. Die zunehmende Beherrschung der Naturkräfte sicherte immer mehr Menschen das Überleben. Alles das bildet den Hintergrund, wenn wir auf die letzten Zentimeter einer Zeitskala blicken, auf denen wir den Hunger- und Katastrophenkontinent Afrika geboren haben.

Anno 1668 beschreibt Olfert Dapper die Hauptstadt des Königreiches Lovango im heutigen Zaire.[1] Und diese Stadt schneidet im Vergleich zum damaligen Amsterdam nicht schlecht ab. Doch die Begehrlichkeit der Europäer nach Stützpunkten auf der Gewürzroute nach Asien, nach schwarzem Gold, den Sklaven für Amerika, nach Kautschuk und anderen tropischen Reichtümern ließ keine gleichberechtigte Beziehung zu. Raub, Unterdrückung und Freiheitsberaubung, eben Versklavung, sind im christlichen Europa schwere Delikte. Doch mit Moral war kein Gewinn zu machen. Damit sich die europäischen Untertanen an den festgelegten Moralkodex hielten, das Verbrechen im großen Stil aber möglich blieb, brauchte man eine Rechtfertigung, brauchte man (Schein-)Begründungen. Diese Scheinbegründungen lieferten prompt der Staat mit seiner Kultur, die Kirche und die Wissenschaft.

Die kulturelle „Überlegenheit" Europas

Über die Jahrhunderte entwickelten sich in Afrika und Europa Formen des Miteinander-Lebens, der Kleidung, des Essens und Trinkens und der Wohnumfeldgestaltung. Kommunikations- und Herrschaftssysteme, Musik, Theater und Kult wurden für die eigenen Bedürfnisse geschaffen. Mit anderen Worten: Kulturen entstanden. Die Menschen in den unterschiedlichen Kulturen waren selbstverständlich davon überzeugt, den Stein der Weisen im Miteinanderleben gefunden zu haben. Beim Aufeinandertreffen wurde daraus allerdings nicht ein Dialog um Vorzüge und Nachteile der einzelnen Systeme. Wir Europäer waren sicher, daß unsere Art zu denken, unsere Kleidung, unsere Technik, unsere Musik... die einzig richtige sei. Aufgrund unserer bis dahin entwickelten Kriegstechnik waren wir in der Lage, unsere Meinung auch gegen Widerstand durchzusetzen. Legitimiert haben wir es

Hausfassade eines Tabakwarenladens in Schwerin 1992

Das Kulturstufenmodell geht davon aus, daß Kulturen wie auf einer Treppe aufsteigen, wobei die Industriegesellschaft westeuropäischen Stils mit ihrer ökologischen Krise auf der höchsten Kulturstufe steht. Dieses Modell wird auch 1992 noch in deutschen Schulen gelehrt.

Stufe der Sammler, Jäger und Fischer
Stufe des Bauerntums und des von ihm abzweigenden Hirtennomadismus
Stufe des älteren Städtewesen
Stufe des jüngeren Städtewes und der industriellen Gesellschaft

① Wildbeutertum
② Feldbau mit Grabstock (Knollen)
③ Feldbau mit Hacke (Körnerfrüchte)
④ Hirtentum mit Kleinvieh
⑤ Hirtentum mit Großvieh
⑥ Feldbau mit Pflug

er Mensch- ung vor etwa 1 Mill. ɜn	Die Wildbeuter sind nicht seßhaft. Sie suchen Schutz in Höhlen, Erdlöchern und unter Felsüberhängen. Bei den spezialisierten Gruppen sind die Sammler und Fischer stärker ortsgebunden als die Jäger, die dem Wild nachziehen. Die Menschen lernen, Lederzelte, Erd-, Holz- und Schneehütten zu bauen. Die Menschen leben in kleinen Gruppen zusammen (Familien und Horden); es gibt keine großen Stämme und Staaten.
em hrtausend hr. Geb.	Auf der Stufe des Bauerntums leben die Menschen meist in Großfamilien. Sie sind seßhaft und wohnen in festen Häusern.
em 8. Jahr- nd v. Chr. Geb. n Europa, ı und Afrika)	Im *Hirtennomadismus* herrscht die Viehwirtschaft vor. Nutztiere der Nomaden sind Ziege, Schaf, Esel, Rind, Pferd, Rentier und Kamel. Nomaden sind nicht seßhaft, aber viele Gruppen suchen regelmäßig bestimmte Weidegebiete auf. Zeltlager. Einige Nomaden übernehmen eine wichtige Rolle beim Handelsverkehr: Sie werden Händler und Spediteure. Die Menschen lernen das Reiten, und es entstehen nomadische Reitervölker, die große Gebiete erobern und ihre seßhaften Nachbarn bedrohen. Nomaden haben eine straffe Stammesordnung.
em 6. Jahr- nd v. Chr. Geb. ıtsächlich ient und lmeerraum)	Die geschlossene Stadtsiedlung setzt sich eindeutig von der ländlichen Umgebung ab, in der das Dorf vorherrscht. Die Stadt ist zentraler Ort für die Umgebung. Es entwickelt sich eine feste staatliche Organisation mit starrer Sozialordnung, in der sich eine besitzende Oberschicht und eine verarmte, abhängige Unterschicht schroff gegenüberstehen. Oft Sklaverei und Leibeigenschaft.
Ende des ahrhunderts gehend von el- und teuropa)	Westeuropas (seit etwa 1200). Städtische Siedlung bedeckt große Flächen. Stellenweise entstehen Städteballungen (Verdichtungsräume) auf industrieller Grundlage. Auch das Leben auf dem Land wird verstädtert. In der Industriegesellschaft entwickelt sich eine Sozialordnung auf Grund von Einkommen und Besitz (Leistungsgesellschaft). Die Klassengegensätze verflachen. Der Staat übernimmt immer mehr Funktionen auf Kosten der privaten Sphäre.

☐ Aus einem Buch über die „Dritte Welt“ (13) stammt die nebenstehende hübsche Darstellung.

1 Betrachte die einzelnen Bilder genau: Sie enthalten nämlich viel mehr, als in der Kurzbeschreibung steht. Notiere, was die dargestellten Menschen tun (z. B. Wildbeutertum: Die Männer jagen; die Frauen sammeln usw.).

∞ **2** Seid ihr in allen Punkten mit der Darstellung einverstanden? Unterhaltet euch in Gruppen darüber. Notiert dabei eure kritischen Bemerkungen und die Fragen.

Ein Wort zum Schluß über die Beziehungen von Weiß und Farbig. In welcher Art mit dem Farbigen verkehren? Soll ich ihn als gleich, soll ich ihn als unter mir stehend behandeln?

Ich soll ihm zeigen, daß ich die Menschenwürde in jedem Menschen achte. Diese Gesinnung soll er an mir spüren. Aber die Hauptsache ist, daß die Brüderlichkeit geistig vorhanden ist. Wieviel sich davon in den Formeln des täglichen Verkehrs auszudrücken hat, ist eine Frage der Zweckmäßigkeit. Der Neger ist ein Kind. Ohne Autorität ist bei einem Kinde nichts auszurichten. Also muß ich die Verkehrsformel so aufstellen, daß darin meine natürliche Autorität zum Ausdruck kommt. Den Negern gegenüber habe ich dafür das Wort geprägt: „Ich bin dein Bruder; aber dein älterer Bruder."

Junges Volk braucht Kolonien!

Von Paul Ritter

Kolonialpolitisches Amt der NSDAP (Reichsleitung)

Wenn wir ohne Überheblichkeit feststellen, daß Kultur und Zivilisation, wohlverstanden beides, ihre höchste Blüte in dem kleinen Erdteil Europa gefunden haben, so muß uns aus diesem Wissen auch die Erkenntnis kommen, daß dieses auf uns überkommene Erbe verpflichtet. Ohne damit ein Werturteil über ältere und in ihrer Entwicklung gleichmäßigere Kulturen abgeben zu wollen, darf die weiße Rasse für sich in Anspruch nehmen, der bewohnbaren Welt ihr heutiges Gesicht gegeben zu haben.

»Es trifft weiterhin zu, daß hier in Europa eine Hauptrasse der Menschheit entstand, die in bezug auf geistige und technische Leistungsfähigkeit alle anderen weit übertrifft. Wir müssen einmal bedenken, wie die Menschheit der Erde heute leben würde, wenn nicht europäisches Erbgut überall hereingedrungen wäre. Keine einzige Rasse, auch wenn sie kulturell und intelligent hochstehend war, ist über die Mechanik herausgekommen. Sie würden alle noch mit Pfeil und Bogen, mit Speer und Schleuder schießen, wenn der Europäer ihnen nicht die Explosionsschußwaffen gegeben hätte. Wir können also annehmen, daß alle diese Errungenschaften mit der Bildung der weißen Rasse zusammenhängen. Das sind nun einmal Tatsachen, die wir feststellen müssen, und die mit Rassendünkel gar nichts zu tun haben.«

AUS: »HANDBUCH DER BIOLOGIE«, BAND 9, 1957, S. 125 ff.

z.B. über Kulturstufenmodelle, die wir bis heute in den Schulen lehren. Danach gibt es niedere Kulturen, z. B. die Nomaden, die sich aber im Laufe der Geschichte zu einer höheren Kulturstufe entwickeln können. Ziel ist „natürlich" unsere Industrie-Kultur, Ziel sind wir - und wir müssen daher Afrika unsere Zivilisation und Kultur bringen. Eurozentrismus - weil wir im Zentrum stehen - nennen es die kritischen Betrachter.

Das Nicht-Wahrnehmen der anderen Kultur wird deutlich an der Meinung eines preußischen Akademikers, der 1891 in der „Berliner Zeitung" schrieb: „Afrika bedeutet uns nach neuzeitlicher Ansicht, soweit es von Negern bewohnt wird, keinerlei geschichtliche Rätsel (...) Vor den Arabern gab es weder eine organisierte Staatenbildung noch eine einheitliche Religion, noch entwickeltes Gewerbe ... Wenn wir Kolonialisten heute mit unseren Pflügen die Afrikanische Erde aufreißen, so wird aus der Furche keine alte Waffe auftauchen. Wenn wir Kanäle durch die neue Erde ziehen, wird unser Grabscheit nirgends auf alte Gräber stoßen; und wenn wir den Urwald lichten, wird die Hacke nirgends auf die Fundamente eines alten Palastes stoßen. Afrika ist geschichtlich ärmer, als irgendeine Phantasie sich vorstellen kann. Neger-Afrika ist ein rätselloser, geschichtlicher Erdteil." [2]

Das Sendungsbewußtsein der Christen

Die Sendung zur Missionierung begründen Christen mit dem Wort Jesu vor seiner Aufnahme in den Himmel: „Geht hinaus in die ganze Welt, und verkündet das Evangelium allen Geschöpfen!" (Mk. 16,15)

Wenn wir von der Missionierung Afrikas reden, so denken wir an das 19. Jahrhundert, als gleichzeitig mit den europäischen Kolonialherren Missionare nach Afrika gingen, „um den Heiden das Christentum zu bringen." Das war auch bitter nötig, denn: „Für Götter und Weltbeherrscher halten sie (die Heiden) Feuer und Wind, oder die schnelle Luft, oder den Kreis der Sterne, das große Wasser, oder Sonne und Mond (Weish. 13.2). - Aber auch sie sind nicht zu entschuldigen (Weish. 13.8) (...) Götter heißen sie Werke von Menschenhänden:

Der Fortschritt der Mission wird gezählt in: Anzahl der Taufen, Anzahl der Schülerinnen, Anzahl der Kirchenbauten . . .

Gold und Silber, Kunstgebilde, elende Tiergestalten oder unnütze Steine (Weish. 13.10-15,11). Aber sie sind unglücklich und ihre Hoffnung ist Tod (Weish. 13.10). Das Werk (Götzenbild) muß mit dem Künstler gestraft werden: denn Gott sind beide gleich verhaßt; das Bild und der Künstler ist - verflucht (Weish. 14.8-11). Nicht genug, daß sie in der Erkenntnis irren, sie nennen sogar so viele und so große Übel Frieden, obwohl sie im Streite der Unwissenheit fortleben. Denn sie opfern ihre Kinder oder bringen sonst heimliche Opfer, oder halten Nachtwachen voll Unsinns. Sie bewahren weder die Reinheit des Lebens noch der Ehe; einer erwürgt den anderen aus Neid, ober betrübt ihn durch Ehebruch. Alles geht vermischt durcheinander: Blut, Mord, Diebstahl und Betrug; Verführung, Untreue, Aufruhr und Meineid; Beunruhigung der Guten, Gottesvergessenheit, Befleckung der Seelen, Verwechselung des Geschlechts, Unbestand der Ehen, Unordnung, Ehebruch und Unzucht. Denn der schändliche Götzendienst ist aller Übel Ursache - Anfang und Ende - (Weish. 14.22-31).“

Bei so geballter Schlechtigkeit ist die Gleichzeitigkeit von Mission und Kolonisation kein Zufall, wie Joseph Schmidlin 1923 in seiner Missionslehre gut begründet. Denn „Die Heidenmission leistet unter kolonisatorischem und politisch-nationalem Gesichtspunkt unermeßliche Dienste von eminenter Tragweite. Sie ist es ... die das Kolonialgebiet geistig erobert und innerlich assimiliert, während der Staat es nur äußerlich assimilieren kann, sie ist es, die Kraft der innewohnenden Autorität die Eingeborenen seelisch unterwirft und ihnen den inneren Gehorsam und Subordinationsgeist gegen die rechtmäßige Obrigkeit einflößt, während die Regierung durch die Strafen und Gesetze nur äußere Unterwürfigkeit erzwingen kann.“ [3]

Das Bild, das sich die damaligen europäischen Missionare von ihren Heidennegern machten - und in zahlreichen Missionszeitschriften ihrem frommen Publikum vermittelten - wird am deutlichsten, wenn man folgende Textstellen im Originalton auf sich wirken läßt: „Man hat es hier mit Negerknaben zu tun, also mit Abkömmlingen jener Rasse, der infolge jahrhundertelangen Versunkenseins in Laster aller Art böse Gewohnheiten sozusagen im Blute liegen, Gewohnheiten, die, wenn auch in mühevollem Ringen nach und nach überwunden, leicht doch wieder mit elementarer Gewalt hervorbrechen und das begonnene schöne Werk vernichten können.“ [4] schreibt J. Paas über das Priesterseminar in Uganda 1928.

„Ein Teil der Studenten hatte seine Jugendjahre noch im Heidentum verlebt. Wenn aber auch im günstigsten Falle die Eltern schon Christen waren, so konnten bei der Jugend der innerafrikanischen Kirche doch unmöglich alle Folgen des Fluches, der die Kinder Chams getroffen, in so kurzer Zeit beseitigt sein.“ [5] - Für nicht ganz so bibelfeste Leser: Cham oder Ham ist einer der drei Söhne Noahs, der von ihm verflucht wurde, weil er ihn betrunken und nackt gesehen hatte und nicht wie die anderen Söhne, die Augen verdeckte. Von einigen Theologen wurden die Afrikaner als Abkömmlinge dieses Chams angesehen und damit wurde ihre Verworfenheit begründet. Für die Buren im südlichen Afrika stellte das eine wichtige theologische Rechtfertigung ihrer Vorherrschaft dar, was heute noch weiterwirkt.

Gegen dieses Bild des Afrikaners wird das Bild der heroischen europäischen Missionare gesetzt, die trotz aller Widerstände und unter ungeheuren Opfern und Mühen, Schulen, Kirchen und Krankenhäuser bauten und den Negern damit Zivilisation und Heil (Glauben) brachten. Daß die meisten dieser Missionare im besten Glauben handelten, soll dabei nicht bestritten werden. Entscheidend ist, daß in der Heimat im Gegensatz zu diesen heroischen Männern das Bild der „Neger" umso kläglicher ausfiel, wobei dieser Neger in vielen Publikationen überhaupt fehlt, bzw. eine völlig unwesentliche Rolle spielt. Der Afrikaner als Mensch, mit seinen Gefühlen, seinem Denken, seinem Glauben, seiner Familie existiert in den Massenpublikationen nicht. Die Staatsformen der großen Reiche werden nicht geschildert. Der Afrikaner ist – so wird das Bild gezeichnet – reines Objekt selbstloser Missionierung.

„Auf zum Schwur mit Herz und Mund!
Hebt die Hand zum heil'gen Bund!
Blut und Leben sei geweiht
Immerdar dem Glaubensstreit!
Auf, ihr Brüder, schwört auf's neue
Den Missionen ew'ge Treue!
(...)
Flieh'n auch die Jahre noch dahin,
Bis wir zu den Heiden zieh'n,
Dem Apostelamt allein
Soll die Kraft gewidmet sein.
Auf, ihr Brüder ..." [6]

Und am Ende der Mission endet die Geschichte häufig, wie es Jesus in der Auseinandersetzung mit seinen Gegnern prophezeit hat: „Weh euch, ihr Schriftgelehrten und Pharisäer, ihr Heuchler! Ihr zieht über Land und Meer, um einen einzigen Menschen für euren Glauben zu gewinnen; und wenn er gewonnen ist, dann macht ihr ihn zu einem Sohn der Hölle, der doppelt so schlimm ist wie ihr selbst." (Mt. 23,13)

Die Wissenschaft im Dienst der Ausbeutung

Wer sucht, der findet - und so fand die Völkerkunde die menschlichen Rassen. Das bequeme daran war, daß man sie am Körperbau erkennen konnte. Und schnell schlossen die Wissenschaftler vom Körperbau auf den Charakter - und der war ja schon bekannt (siehe Kapitel „Hühner und Menschen"). Damit haben wir die wichtigsten Begründungen zusammen und können ohne Gewissensbisse mit dem Raub von Menschen und Rohstoffen beginnen.

Bei ihren Fahrten an die Westafrikanische Küste fingen die Portugiesen ab 1441 Afrikaner ein und verkauften sie zu Hause als Hausdiener oder Feldarbeiter. Die Zahl der Sklaven der damaligen Zeit wird auf einige Tausend geschätzt. Der eigentliche, systematische Sklavenhandel begann erst in der Mitte des 17. Jahrhunderts, als sich die Plantagenwirtschaft in Westindien (Mittelamerika) und Amerika rasant entwickelte. In dieser Zeit wurde Portugal von England, Holland und Frankreich in der Rolle des Hauptprofiteurs am Sklavenhandel abgelöst. Man schätzt heute, daß in den 400 Jahren vom Beginn der Sklaverei bis etwa 1850 ca. 20 000 000 (20 Mio.) Schwarzafrikaner nach Amerika gebracht wurden. Rechnet man noch einmal die gleiche

$1200

TO

1250 DOLLARS!

FOR NEGROES!!

THE undersigned wishes to purchase a large lot of NEGROES for the New Orleans market. I will pay $1200 to $1250 for No. 1 young men, and $850 to $1000 for No. 1 young women. In fact I will pay more for likely

NEGROES,

Than any other trader in Kentucky. My office is adjoining the Broadway Hotel, on Broadway, Lexington, Ky., where I or my Agent can always be found.

WM. F. TALBOTT.

LEXINGTON, JULY 2, 1853.

Plakat eines Sklavenhändlers aus Kentucky

Anzahl dazu für alle, die bei den Sklavenjagden oder beim Transport nach Amerika umkamen, so wäre das die ungeheure Zahl von 40 Mio. Menschen (bei einer geschätzten heutigen Einwohnerzahl von etwa 530 Mio. Menschen in ganz Afrika). Dieser gewaltige Menschenraub war ein gewinnbringendes Geschäft für die Beteiligten. Man ließ die Schiffe im Dreieck fahren: Von Europa, wo sie die billige Massenware der beginnenden Industrie, den überschüssigen Kartoffelschnaps und veraltetes Kriegsgerät einluden, fuhren die Schiffe nach Westafrika. Dort wurden die für uns nicht sehr wertvollen Dinge gegen Elfenbein, Gold und Sklaven „getauscht“. Das man sich oft einheimischer Sklavenjäger bediente und somit Zwietracht unter den Völkern säte, ist keine Entschuldigung, denn der „Hehler ist so gut wie der Stehler“ urteilen deutsche Gerichte. Von Westafrika ging es dann nach Amerika, wo die afrikanischen Menschen gegen Zucker, Tabak, und Baumwolle „getauscht“ wurden. Hatte man bei der Rückkehr diese Waren im europäischen Hafen verkauft, war man ein gemachter Mann.

Als im beginnenden 19. Jahrhundert der Widerstand der schwarzen Plantagenarbeiter zunahm, und man mit dem Einsatz von Maschinen viele Arbeitskräfte auf den Pflanzungen wegrationalisieren konnte, hatte sich die Sklaverei im großen Stil überlebt. Unterstützt wurde dieser Prozeß durch neu aufkommende Ideen in Europa, die in der Französischen Revolution (1789) ihren deutlichsten Ausdruck fanden. 1807 verabschiedete das englische Parlament ein Gesetz, das den Sklavenhandel ab 1808 verbot, während die Sklaverei in Brasilien erst 1888 abgeschafft wurde. Damit neigte sich dieses Kapitel seinem Ende zu und hinterließ in den USA und in Südamerika eine verarmte, schwarze Unterschicht und in Afrika eine zerstörte Sozialstruktur. Das alles war gerechtfertigt worden im Namen der Zivilisation und der Religion unter Mithilfe der Wissenschaft. Am Ende nahm man die geringe soziale Stellung der Schwarzen in Amerika und das zerstörte Afrika als Beweis, daß die Schwarzen minderwertig seien, hätten sie es doch sonst zu mehr gebracht. So wurde das Opfer zum „Täter“ umdefiniert.

Für den Sklavenhandel hatten sich die europäischen Staaten längst feste Stützpunkte entlang der afrikanischen Küste geschaffen. Das

In einer alten Chronik fanden Historiker diese Geschichte aus Brasilien. Sie zeigt, wie in der Zeit der Sklaverei mit dem „beweglichen Mobilar" verfahren wurde:
„Der Gutsherr war hingerissen von den schönen Augen der neuen Küchenmagd, die das Mittagessen servierte. Am Abend schwammen die Augen der jungen Mulattin im Consommé. „Ich wollte dir eine besondere Freude machen", teilte die eifersüchtige Hausherrin ihrem Gatten mit, „du mochtest diese Augen doch so gern, ich habe sie eigenhändig zubereitet." [7]

Noch in den 60er Jahren wird wie hier die Ausbeutung romantisiert.

Geschäft mit Gold, Kautschuk, Elfenbein und anderen Kostbarkeiten lief nebenher. Als dann der Wert der Ware „Mensch" fiel, die beginnende Industrie nach billigen Rohstoffen rief, waren die alten Handelsstützpunkte hilfreich. Von hier aus wurden Expeditionen ins Landesinnere geschickt, „Schutzverträge" mit afrikanischen Königen oder Bürgermeistern geschlossen und der Einflußbereich vergrößert. König Leopold von Belgien hatte sich gar ein riesiges Stück aus dem Kuchen geschnitten, das heutige Zaire als Privatbesitz. Die unhaltbaren Zustände in König Leopolds Kongo, Mord, Entvölkerung ganzer Landstriche, Plünderung der Natur usw., Konflikte der Großmächte England und Frankreich beim Festlegen ihrer Interessensphären in Afrika und der verstärkte Widerstand der ausgeraubten afrikanischen Völker, ermöglichten Bismarck den Einstieg ins profitable Geschäft. 1884 berief er die Kongokonferenz nach Berlin ein. Hier einigten sich die europäischen Staaten unter Beteiligung der ehemaligen Kolonie USA auf die Teilung Afrikas. Die Grenzen wurden mit dem Lineal gezogen ohne Rücksicht auf alte Staaten oder Völker. Auch Deutschland bekam ein kleines Stück vom Kuchen: Südwest, Togo, Kamerun und Deutsch-Ost-Afrika.

Afrika haben wir damit entdeckt und die Menschen in diesem Kontinent fast nur unter dem Gesichtspunkt der Vermarktung wahrgenommen. Bleibt noch nachzutragen, daß wir zwischen den Weltkriegen Ersatzstoffe für viele afrikanische Güter und neue Maschinen und Automaten erfunden hatten, die die Plantagen und Arbeitskräfte in den Kolonien nicht mehr so notwendig machten. Als daher der Widerstand gegen die Eroberer in Afrika größer wurde, „entließ" man überstürzt die Kolonialreiche 1960/61 fast alle in die Unabhängigkeit. Grundlagen für einen funktionierenden Staat wie z.B. eine Infrastruktur, geschulte Techniker und Verwaltungsfachleute hatten wir in den Kolonialjahren nicht gelegt.

Viele der heutigen Probleme Afrikas sind das Resultat der jahrhundertelang währenden Plünderung und Unterdrückung. Doch diese Verantwortung will kaum jemand übernehmen. Stattdessen halten wir fest am bewährten Bild des „unfähigen Negers", das den Kolonialismus so trefflich rechtfertigen ließ.

Nie sahen wir den Afrikaner anders als unter dem jeweiligen Nutzaspekt: Waren es vor 1400 die angstmachenden, unbekannten Monstren, die angeblich in Afrika lebten, im Zeitalter der Sklaverei die dumpfen, tierischen Halbmenschen, als Arbeitstiere unter der Peitsche stark und widerstandsfähig, so wurden es in der Kolonialzeit die unmündigen Kinder, die es von der niederen auf eine höhere Kulturstufe zu bringen galt. So definierte sich der Ausbeuter zuletzt zum Lehrer und Erzieher.

Einige ausgewählte Daten zu unserer Entdeckung Afrikas

1416 Prinz Heinrich der Seefahrer von Portugal schickt eine Expedition an die westafrikanische Küste.

1441 10 Afrikaner von der Guineaküste werden als Geschenk an Prinz Heinrich nach Portugal gebracht. Dieses Jahr markiert den Beginn des Sklavenhandels.

1452 Papst Nikolaus V. gab Portugal die Vollmacht, über die heidnische Welt. Er legitimierte die Sklaverei mit den Worten „Wir erteilen Dir kraft unseres apostolischen Amtes die freie und unbeschränkte Vollmacht, die Sarazenen und Heiden und andere Ungläubige und Feinde Christi (...) in ewige Sklaverei zu versetzen." [8]

1482 Diego Cao landet an der Kongomündung.

1488 Bartolomeo Diaz umsegelt das Kap der Guten Hoffnung.

1492 Kolumbus landet in Amerika. Damit beginnt die Ausrottung der Indianer, die später durch afrikanische Sklaven ersetzt werden.

1498 Vasco da Gama umfährt Afrika bis Malindi/Kenia.

Seit 1515 ist Bartolomé de las Casas Missionar der Indianer in Mittelamerika. Er sieht das Elend der Indianer und macht den Vorschlag, für die Plantagenarbeit und die Bergwerke die „robusteren" afrikanischen Sklaven einzusetzen.

1518 erteilt Karl V. dem Gouverneur von Bresa das Monopol, jährlich 4 000 afrikanische Sklaven nach Westindien zu „verschiffen".

1529 wurde aufgrund der päpstlichen Bulle von 1493 die außereuropäische Welt in eine portugiesische und eine spanische Hälfte geteilt.

1652 Gründung von Kapstadt durch die holländische Ostindienkompanie.

1795-1806 Mungo Park reist vom Gambia zum Niger und erforscht den Niger.

1854-1856 Livingstone durchquert Afrika vom Luanda/Angola bis nach Quelina/Mozambique.

im 1. Drittel des 18. Jahrhunderts werden ca. 15 Mio. Afrikaner nach Nordamerika gebracht, zur Arbeit in den Baumwollplantagen und im Haushalt. Weitere 9 Mio. überleben den „Transport" nicht. [9]

1847 Republik Liberia. Freigelassene nordamerikanische Neger gründen in Westafrika eine eigene Republik.

1862 Lagos wird britischer Besitz.

1884/1885 Berliner Kongokonferenz. Europa teilt sich Afrika auf. In der Folge annektiert Deutschland Südwestafrika, Kamerun und Togo als Schutzgebiete.

1914/1918 1. Weltkrieg. Deutschland verliert seine Kolonien.

1960/1961 die meisten afrikanischen Kolonien werden unabhängige Staaten in den Grenzen, die die Berliner Kongokonferenz 1884 festgelegt hat.

II. Facetten des Rassismus

ICH BIN DOCH NICHT DEIN NEGER
Was unsere Umgangssprache verrät

Auszug aus Küppers Wörterbuch der deutschen Umgangssprache

Hottentottenboy *m* modisch gekleideter Halbwüchsiger. Die Hottentotten sind ein afrikanisches Urvolk in Südwestafrika. Sie wurden bekannt durch Aufstände in der früher deutschen Kolonie sowie durch Auftreten in Völkerschauen. Ihre Lebensweise, ihre Tracht usw. waren den Weißen unverständlich, ja lächerlich, weswegen »Hottentotte« zum Scheltwort auf einen Lächerlichen wurde. *Jug* 1955 ff.

Kaffer *m* 1) Dorfbewohner; dummer Bauer; Ungebildeter. Im Jiddischen ist »kapher« der Bauer (Wolf 1, 2408). Das Wort wandert von den Gaunern in die Mundarten und von dort in die Studentensprache; vgl Paul-Betz 5, 335. *Rotw* 1714 (Kluge, Rotw 1, 177); *stud* 1846 (Vollmann 1, 100). Berlin 1850 (Slg Kollatz-Adam); meckl 4, 17; schlesw 3, 11; rhein 4, 46; Elsaß 1, 425; Waldeck 1, 152; sächs (Bruns 1, 34) Lit: Wieland u. a. m. (Dwb 5, 25); 1920 Ostwald 7, 102; 1959 A 156/51. Vgl das Folgende.

2) Lehrer. Das Wort hat hier allgemeine Schimpfwortgeltung. Vielleicht bezeichnete man anfangs so den Dorfschullehrer. Wohl beeinflußt von den Kaffern, den Bantunegern in Südafrika: die Bewohner Afrikas galten (gelten) als unzivilisiert und dumm. Berlin 1850 (Slg Kollatz-Adam); Sachsen 1910 (Eilenberger 1, 57). Lit: 1968 A 575/32.

Kaffernkral *m* 1) rohgezimmerter, verschmutzter, unter Wasser stehender Schützengraben. Meint eigentlich das Hottentottendorf mit seiner primitiven Bauweise. *Sold* 1914/18.

2) minderwertige Gaststätte mit überhöhten Preisen. KAFFER = dummer Mensch (WdU I). Berlin 1920 ff.

Mohreneier *pl* Marzipan-Ostereier mit Schokoladenüberzug. Mohreneier sind die Hoden eines Mohren; zu Eier vgl WdU I. Berlin 1955 ff., *jug*.

Mohrenwäsche *f* (vergeblicher) Versuch der völligen Entlastung eines Schuldigen.

Neger *m* 1) schlechteste Note. Entweder Anspielung auf die vermeintlich geistige Unterentwicklung der Neger oder weil alles Schwarze Sinnbildgeltung für Ungünstiges und Unheil besitzt. Österr 1950 ff.

2) Einzelgänger. Vielleicht Anspielung auf die gesellschaftliche Herabsetzung der Neger (Rassendiskriminierung). 1950 ff., *schül*.

Negerbimmel *m* Blutwurst. Vgl NEGERPIMMEL.

Negerdorf *n* 1) unansehnliches, wenig fortschrittliches Dorf; Vorort. Hängt wohl zusammen mit den Schilderungen der Kolonialforscher des 19. Jhs, auch mit der späteren Völkerschau. Schlesw 3, 773; Westfalen; Zürich 2, 48.

2) Winterfrische. Von der Sonne geschwärzt, kommt mancher ›wie ein Neger‹ heim. Lit: 23. 3. 1959 A 203.

Negerfahne *f* grellbuntes, auffallendes, geschmackloses Kleid von geringer Qualität. Kleider dieser Art werden von den Negerfrauen geschätzt. Vgl FÄHNCHEN (WdU I). 1900 ff.

Negerklöten *pl* Marzipan-Ostereier mit Schokoladenüberzug. KLÖTEN = Hoden (WdU II). *Jug* 1955 ff., Berlin u. a.

Negerkinder *pl* zugunsten armer N. verzichten = Verzicht leisten. Hergenommen von gemeinnützigen Sammlungen für notleidende Negerkinder. 1950 ff., *schül*.

Negerpimmel *m* (schmale, harte) Blutwurst. PIMMEL = penis (WdU II). Meiner Erinnerung nach im ersten Weltkrieg aufgekommen. Rhein (Dittmaier 1, 92). *Sold* 1939/45 (Loose 1, 285).

Negerpisse *f* 1) Ersatzkaffee. Arbeitsdienstler und Soldaten, 1935 ff.

2) Coca Cola. Etwa seit 1950.

Negerschweiß *m* Coca-Cola. Man nimmt an, auch der Schweiß des Negers sei schwarz. Meint seit dem frühen 20. Jh auch den Kaffeeaufguß, den Teeaufguß, den Kakao, den Rübensaft und die Lakritzen. Vgl WdU I. *Halbw* nach 1930.

Wilde *pl* 1) toben wie die W.n = umhertollen; ausgelassen sein; heftig schimpfen. Steht im Zusammenhang mit der den Durchschnittseuropäern fremd wirkenden Tanzzeremonie der afrikanischen Eingeborenen, wie sie durch Kolonialberichte und durch Hagenbecks Tier- und Völkerschauen bekannt geworden ist. Seit dem späten 19. Jh. Beliebte Vokabel im Munde der Eltern und der älteren Gymnasiasten. Lit: 1932 Fallada 2, 213; 1938 Bretschneider 1, 106; 1966 A 19/16.

2) toben wie zehn nackte W. im Busch (im Schnee) = heftig toben; kräftig schimpfen. Erweiterung des Vorhergehenden zu einem anschaulichen Bild. 1900 ff.

„Wir müssen die Sprache, die Worte, die Begriffe besetzen, wenn wir das Land gewinnen wollen", schrieb ein Generalsekretär seiner Partei ins Stammbuch. Besetzen? Führen wir Eroberungskriege mit Worten? Welche Rolle spielen Worte im Miteinander und Gegeneinander? Ja, Worte können Waffen sein, können verletzen, beleidigen, unterdrükken. Sprache als Macht- und Unterdrückungsinstrument wirft die Frage auf, wer bei diesem Thema der Überlegene ist und wer unterdrückt wird. In diesem Zusammenhang ist es erstaunlich zu sehen, wie reich unsere Sprache ist an Begriffen und Redewendungen um und über den Afrikaner, den Schwarzen, den Neger. Daher zuerst ein Blick in das „Wörterbuch der deutschen Umgangssprache" [1]:

„Haste mal 'ne Mark für mich?" -

„Schon mal einem nackten Neger in die Tasche gepackt?"

„Bei denen sieht es ja aus wie bei den Hottentotten!"

„Bringste mir 'ne Cola mit?" - „Ich bin doch nicht dein Neger!"

Nackt, arm, unordentlich, der Diener vom Dienst oder immer wegen nichts einen Aufstand machen, das sind die Eigenschaften, die dem „Neger" zugeordnet werden. Überhaupt das Wort *Neger*; es ist erstaunlich, wie schwer es vielen fällt, sich von dieser Bezeichnung zu verabschieden. „Das ist doch nicht rassistisch. Die heißen doch so." meinen viele. Doch für Professor Engel vom Institut für Deutsche Sprache ist es keine Frage: „Die Aussagen sämtlicher Gewährsleute sind eindeutig", schreibt er in einem Brief an die Deutsche Welthungerhilfe. „ ‚Neger' kann heute nicht mehr wertfrei verwendet werden. ... Wenn heutzutage ‚Neger' gesagt wird, so ist damit in der Regel eine beabsichtigte oder unfreiwillige Abwertung verbunden. Deutlich scheint hier das englische ‚Nigger' hereinzuspielen, das ja in unveränderter Form in die Alltagssprache übergegangen ist in Wendungen wie ‚für jemanden den Nigger machen.' Über die Ursachen des Bedeutungs- und Gebrauchswandels (in der Nachkriegszeit wurde die Bezeichnung ‚Neger' in der Literatur noch völlig wertfrei gebraucht) gibt es nur Vermutungen. Ziemlich sicher scheint jedenfalls zu sein, daß vor allem die früher mit diesem Namen bezeichneten das Wort nicht mehr haben wollen, wahrscheinlich in Erinnerung an die Unterdrükkung der Kolonialzeit. Es gibt zahlreiche Belege dafür, daß vor allem von den Farbigen selbst eine neue, dem Ursprung nach neutrale Bezeichnung verlangt wurde. Die Intellektuellenschichten der Industrienationen haben diese Forderung akzeptiert, sie verbinden damit in der Regel ein deutliches Bekenntnis zur Gleichwertigkeit der ‚Rassen', was immer das heißt ..."

Doch das Recht, den anderen zu benennen, ihm einen Namen zu geben, war schon immer ein Herrenrecht, denn: „Mit der Frage nach dem Namen fragt man nach der Person, ihrer Existenz und Mächtigkeit, und mit dem Wissen um den Namen hat man Gewalt über seine Träger. Somit kann man durch das Aussprechen des Namens eine Sache oder eine Person in seine Verfügungsgewalt bekommen. Erst mit dem Namen, den der Mensch den Tieren gibt, existieren sie und werden für ihn verfügbar, und der Mensch richtet dadurch ... (seine) Herrschaft auf"[2], analysiert der Theologe Klaus Gouders den Zusammenhang auf dem Hintergrund der christlichen Tradition unserer Gesellschaft. Damit wird es bezeichnend für unsere Einstellung schwarzen Menschen gegenüber, daß so viele sich mit dem Argument herausreden: „sei doch nicht so empfindlich, es ist doch ganz wertfrei gemeint" ohne zu fragen, wie es der Benannte empfindet. Barbro Krüger-Baffoe schreibt dazu in der Zeitschrift des Verbandes Bi-nationaler Familien und Partnerschaften: „Unser Sprachgebrauch ist Ausdruck unseres Denkens, unserer Einstellung, unseres Bewußtseins. Es ist geprägt durch historische, gesellschaftliche, soziale und kulturelle Zusammenhänge - und kann daher niemals ‚neutral' oder ‚wertfrei' sein. Es geht daher auch nicht allein um den einzelnen Begriff, der - für sich genommen - ja nicht unbedingt rassistisch sein muß. Es geht darum, wie ein bestimmtes Wort in der deutschen Sprache generell benutzt und verstanden wird - und eben nicht darum, ob ich persönlich nun diesen oder jenen Ausdruck rassistisch finde oder nicht."[3] Das gilt nicht nur für die Bezeichnung „Neger" und die damit verbundenen Ausdrücke. Wer diese Sprüche abtut als die Sprache der Schulhöfe, Kantinen, Kneipentheken sollte sich mit dem „Spezialwortschatz" in Schulbüchern, Zeitungsberichten und Fernsehsendungen befassen, denn dieser Wortschatz ist alles andere als wertfrei:

Analphabet - Askari - Bimbo - Brandrodungsinseln - Dorfältester -

Dörfliche Siedlung - Dschungel - Dürre - Eingeborene - Fetisch - Hackbauern - Häuptling - Hütte - Kral - kriegerische Nomaden - Medizinmann - Mohren - Naturalwirtschaft - Neger - Negertänze - primitive Ackerbaumethoden - Pygmäen - Rituale - Rundhütte - Safari - Sippe - Stammesfehde - unterschiedliche Kulturhöhe - urwüchsig - Zauberdoktor ...

Der ugandische Sozialwissenschaftler Mamood Mamdani bringt diesen angeblich so wertfreien, beschreibenden Sprachgebrauch in Bezug auf Afrika auf den Punkt mit seiner Frage: „Was macht 2 Millionen Norweger zu einem Volk und ebensoviele Baganda zu einem Stamm? Ein paar Hunderttausend Isländer zu einem Volk und 14 Millionen Haussa-Fulani zu einem Stamm? Es gibt dafür nur eine Erklärung: Rassismus.“ [4] Barbro Krüger-Baffoe bemerkt dazu: „Weiße sind nirgendwo ‚Eingeborene‘.“ [5] Wer immer noch Zweifel hat, stelle doch einmal dem „Spezialwortschatz“ für Afrika die für uns Europäer gebräuchlichen Parallel-Begriffe gegenüber:

Afrikaner/Neger	*Wir*
Negerkral	Gehöft
Brandrodung/Hackbauern	Feldbestellung/Landwirtschaft
Häuptling	Bürgermeister, König, Fürst
Rundhütte	Haus
Medizinmann/Zauberer	Arzt, Pfarrer
Naturalwirtschaft	Geldwirtschaft
Safari	Jagdausflug

usw.

Unsere Sprache verrät uns, deckt rassistische Einstellungen auf, verletzt durch unbedachten Gebrauch der alten Bezeichnungen. Was tun? Die Alternative dazu kann nicht Sprachlosigkeit sein - keine schwarzen Menschen mehr wahrnehmen, nicht mehr über Afrika reden, um ja nichts falsch zu machen ...

Einzelne Begriffe lassen sich leicht vermeiden, wie das Beispiel der Parallel-Worte zeigt. Und auch „Negerkuß“ muß ich nicht mehr sagen. Doch wie heißen nun die Menschen, die früher die „Neger“ waren?

„Jemandem den schwarzen Peter zuschieben“ ist bei uns zu einem festen Ausdruck geworden. Denn wer am Schluß des Spiels noch die „Schwarze-Peter-Karte“ in den Händen hält, hat verloren und darf von den Mitspielern im Gesicht schwarz angemalt werden. Schwarz sein als Strafe, jemanden „anschwärzen“, schwarz ist dunkel, negativ und böse - das sind die Botschaften, die uns oft unterschwellig vermittelt werden.
Sich in politischer Hinsicht als „schwarz“ zu bezeichnen, nimmt dieses Assoziationen bewußt auf, wendet den Begriff aber positiv besetzt als besonderes Kennzeichen einer kompromißlosen Haltung (ähnlich die Begriffe „schwul - Schwulenbewegung“ oder „Krüppel - Krüppelbewegung“).

So wie es Europäer, Deutsche und Engländer gibt, so gibt es zunächst einmal Afrikaner, Kameruner und Nigerianer. Und wenn ich die Nationalität nicht kenne, ist „Schwarze“ ein Begriff, der im Rahmen der anti-rassistischen Bewegung von den Betroffenen selbst gewählt wurde. So erklärte die Initiative Schwarze Deutsche (ISD): „Unsere Definition von schwarz beschränkt sich übrigens nicht auf die Hautfarbe, sondern schließt alle von Rassismus betroffenen Minderheiten ein. Mit Begriffen wie ‚Schwarze Deutsche‘ und ‚Afro-Deutsche‘ (in Anlehnung an ‚Afro-amerikanisch‘) als Ausdruck unserer multikulturellen Herkunft bestimmen wir uns selbst, statt bestimmt zu werden.“ [6] In diesen Zusammenhang gehört auch die „Black-Power Bewegung“ in den USA. Diese Bürgerrechtsbewegung hat den abwertenden Begriff „schwarz“ umgedreht: „black is beautiful - „schwarz ist schön!“ und „black power“ - „Schwarze Macht“ bedeuten, zu sich zu stehen, solidarisch zu sein und die Urteile der Weißen über die Minderwertigkeit der Schwarzen abzulehnen. Schwarz meint hier mehr als die gemeinsame Hautfarbe, denn die weist viele Schattierungen auf; schwarz bezieht sich auf kollektiv erfahrene Unterdrückung und Diskriminierung und wehrt sich gegen Versuche der scheinbar gut gemeinten Differenzierung: Schwarzamerikaner, Schwarzafrikaner - hier hellhäutige Eriträer, schlanke, große Massai, dunkelhäutige Nigerianer mit Wulstlippen etc., oder Differenzierung nach Bildung, Status, politischer Aktivität, die hinter diesen Unterscheidungsversuchen steht. Sie orientieren sich an der Helligkeit der Haut, den „feinen" Gesichtszügen, der Ähnlichkeit mit westlichen Werten - immer nach dem Motto: Je ähnlicher uns Europäern, desto besser!

Ellen Wiedenroth hat beschrieben, was viele Afrodeutsche, Afrikaner oder Afroamerikaner in Deutschland erleben: Wenn es darauf ankommt, bist du *schwarz*, und das heißt *anders*, lediglich „Auch-Mensch".

„Ich bin Deutsche, und ich bin dunkel. So dunkel nun auch wieder nicht. Oft habe ich in den Spiegel geschaut und mich gefragt, was mich nun eigentlich unterscheidet, was mich so anders macht in den Augen der anderen. Innerlich bin ich deutsch durch meine deutsche Umgebung, die Schule, mein Zuhause - deutsch eben. Und trotzdem wurde mir immer wieder nahegelegt, daß ich genau das nicht wäre. Aber warum? Es hängt eben alles an Äußerlichkeiten.

Die deutsche Sprache hat für braune Haut nur Bezeichnungen, die dem Bereich des Essens und Trinkens entliehen sind, wie ‚schokoladenbraun' oder ‚kaffeebraun'. Wer für mich eine Zuordnung auf der Farbskala sucht, könnte mich vielleicht bei ‚milchkaffeebraun' einstufen. Gibt es das überhaupt? Oh ja, in der Wahrnehmung der Leute gibt es eine Unsumme von Schattierungen und entsprechende Benennungen. *Ihnen gemeinsam ist die Abweichung von der allgemein nicht benannten Norm, dem Weiß-Sein*.

Aber gleich, wieviele Nuancen benannt werden, es läuft immer auf dasselbe hinaus: Du wirst gebrandmarkt (ach nein, gekennzeichnet) als Nicht-weiß. Und die vielen Schattierungen sind letztlich gar nicht mehr wichtig. ‚Nicht-weiß' ist eben in erster Linie ‚schwarz'.

Die Benennung der vielen Schattierungen ist nicht zuletzt deswegen so unbeholfen, weil sie zutiefst unehrlich ist. ‚Schwarz-Weiß', auf diesen Gegensatz läßt sich die mühselig aus den Fingern gesogene Differenzierung im Nu reduzieren. Die Farben werden nicht wertfrei gesehen. ‚Weiß' die ‚Abstraktion' aller Farben, wird gleichgesetzt mit der Reinheit (hygienisch und moralisch), mit der Vollkommenheit. ‚Schwarz' hingegen, die ‚Subtraktion' aller Farben, steht für Schmutz, das Schlechte schlechthin, für das bedrohliche Nichts.

Es schickt sich hierzulande nicht, eine Person offen zu verleumden. Aber darauf läßt sich auch leicht verzichten, da durch die hier gültige Farbsymbolik eine Diffamierung der Schwarzen unterschwellig, und damit auch effektiver, geschieht.

Das Schwarz-Weiß-Raster in den Köpfen vorausgesetzt - und es ist vorauszusetzen - und die Wahrnehmung genügen, daß du auf die nicht-weiße Seite gehörst, und du wirst als *Auch-Mensch* eingeordnet. Schwarze sind schließlich auch Menschen. Wenn diese Tatsache einer Erwähnung bedarf, ist sie wohl nicht so selbstverständlich, wie der Satz gerade glauben machen will. Es ist liebenswürdig gemeint, die verschiedenen Schattierungen der Nicht-Weißen hervorzuheben. Denn damit wird die Botschaft übermittelt: ‚Du bist ja gar nicht so schwarz, du bist ja ‚nur' ...' Ich bin also nicht ganz so schmutzig, schlecht, bedrohlich, nur ein bißchen. Es ist gewiß nicht böse gemeint. Und wenn ich ab und zu den Mund aufmache und mich gegen solche Zuordnungen wehre, tja, dann bin ich überempfindlich, dann ist mit mir nicht gut reden. Ja richtig, über diesen Punkt will ich schon lange nicht mehr reden: Ich bin schwarz - und nicht dunkel-, hell- oder sonstwie-braun.“ [7]

WILDER MANN UND NACKTE FRAU
Sexismus und Rassismus

An die Vermarktung von Frauenkörpern haben wir uns längst gewöhnen müssen: barbusige Schönheiten lachen uns an jedem Zeitungskiosk entgegen und die Werbung arbeitet trotz aller Proteste immer noch gern mit verführerischen halbnackten Frauen. Da muß es schon hart kommen, bevor wir zusammenzucken und entsetzt feststellen, daß die Grenzen des Zeigbaren überschritten sind. Wobei es hier nicht um Pornographie, sondern um die Darstellungen des Alltags geht - wie z.B. beim Kugelschreiber auf dem Umschlag dieses Buches, wo bei Knopfdruck eine nackte, vollbusige „Negerin" aus den Blättern herausspringt, oder einem Schlüsselanhänger mit einer „Gumminegerin", deren Brüste beim Druck auf die Figur mit einem quatschenden Geräusch hervorquellen. Die Herabwürdigung von Frauen, das Maß an Entwürdigung und Vereinnahmung scheint in Bezug auf *schwarze* Frauen nach anderen Maßstäben beurteilt zu werden. Was selbst nach unseren weitgefaßten Grenzen nicht mehr ginge - bei schwarzen Frauen ist es noch möglich. Und das hat Tradition, ist nicht zu verstehen ohne die Geschichte der Unterdrückung der afrikanischen Völker, ohne die Geschichte der Sklaverei, wo weibliche Sklaven selbstverständlich jederzeit vom Herren vergewaltigt werden konnten. Rassismus und Sexismus gehören zusammen, früher und heute.

Solche „Andenken" für Touristen gab es Ende der achziger Jahre auf Mallorca zu kaufen.

Doch um das Ausmaß der Entmenschlichung zu begreifen, genügt es nicht, den Blick auf die extremen Objekte zu lenken. Es fängt eigentlich ganz harmlos an – nämlich bei der Frage: Welches Geschlecht hat denn ein „Mohrenkopf"? Viele Darstellungen von Schwarzen in unserem Alltag, viele „Negerbilder" begnügen sich mit der Wiedergabe von „typischen" Merkmalen, wie Wulstlippen, Kulleraugen, Ohrringen, Baströckchen ... Aus diesen Klischees entsteht ein Zerrbild, das die Dargestellten so weit entmenschlicht, daß noch nicht einmal feststellbar ist, ob es sich um Mann oder Frau handelt. Das Unterscheidungsmerkmal männlich oder weiblich ist etwas sehr Wesentliches für die Identität eines Menschen. Kinder weisen es z.B. empört von sich, wenn sie fälschlicherweise für ein Mädchen, für einen Jungen gehalten werden. Und es gibt kaum Darstellungen von Weißen, wo es nicht möglich wäre, das Geschlecht zuzuordnen. Daß es so viele „Neger" gibt, bei denen diese Information fehlt, kann doch nur heißen, daß diese menschliche Grundtatsache für sie nicht gilt, und „die geschlechtslose Bezeichnung dient letztlich dazu, Menschen auf die Ebene von Gegenständen herabzuziehen." [1]

Eine andere Variante, dem Schwarzen den Status des vollwertigen Menschen abzusprechen, ist, ihn auf eine infantile Ebene herabzuwürdigen: der „Kindsneger". Solche Darstellungen vermitteln die Botschaft: die Afrikaner sind doch alle noch wie kleine niedliche Kinder, wir müssen sie nicht für voll nehmen, wir können sie wie unmündige Wesen behandeln. Nicht zufällig wurden die schwarzen Diener in den englischen Kolonien „boy" genannt, auch wenn sie schon längst erwachsen waren. Dieses Bild hat auch die Funktion, die dem Schwarzen angedichtete (und für den weißen Mann/die weiße Frau) bedrohliche sexuelle Potenz zu entschärfen – denn Kinder haben ja keine Sexualität.

Gibt es bei der Darstellung des schwarzen Mannes die Polarisation männlich/sexuell/bedrohlich oder kindlich/asexuell/harmlos, so finden wir bei der schwarzen Frau meist nur eine Zuschreibung: die sexuelle Verfügbarkeit.

Das Gegenstück zum stummen Diener der Kolonialzeit ist die schwarze Dienerin. Aber die sieht ganz anders aus. Unzählige barbusige Gipsnegerinnen standen in den noch recht prüden 50er Jahren auf deutschen Fernsehern, dienten als Aschenbecher oder Erdnußschale. Unanständig?! Keineswegs - in Afrika laufen die Frauen nun mal oben ohne und mit Baströckchen herum - das ist doch dort ganz natürlich. Auf die angeblich so wilde, ursprüngliche Negerin projeziert, sind die eigenen sexuellen Begierden salonfähig. Eine Negerin aus Gips mit nackten Brüsten ist eben keine Pornographie, sondern nur realistisches Abbild - auch wenn die Pose noch so eindeutig ist.

Dies ist keineswegs eine Erfindung der 50er Jahre. Schon um die Jahrhundertwende, zur Zeit der Kaiserin Viktoria, gab es „wissenschaftliche" Bücher und ethnologische Postkarten, die darstellten, was im prüden Deutschland völlig undenkbar war, galt doch selbst das Wort „Tischbein" als sexuell besetzt und völlig unschicklich.

Männer, denen schon der Blick auf das Knie einer (weißen) Frau unanständig schien, erfreuten sich an Fotos von afrikanischen Mäd-

Die Gegenüberstellung dieser schwarzen Frau mit dem offiziellen Foto einer weißen Familie aus der damaligen Zeit zeigt deutlich, wie sexistisch der Blick und provokativ-eindeutig die Bildaussage ist.

„Die Eingeborenen bei sich zu Hause“ ist die Aufschrift dieser alten Postkarte.

„Bank von Belgisch-Kongo, Leopoldville. Blick in das Innere der Wohnung eines Bankangestellten“ (um 1930)

chen in aufreizenden Posen. *Ethnoporno* ist der Fachausdruck für solche Bilder. Durch diese Art der Fotografie wurde ein Aspekt des Lebens der Afrikanerin - hier die nackten Brüste der Frau - isoliert dargestellt und durch die für uns eindeutige (gestellte) Pose sexualisiert. Die Fotos eröffneten nicht den Blick in ferne Welten, sondern stellten das dar, was im Kopf des europäischen Fotografen ablief: die Frau als Lustobjekt. Stellt man Bilder „aus dem Leben der Kolonialherren und -herrinnen" und solche „vom Leben der Neger" gegenüber, so wird klar, welche Welten da aufeinanderprallten. Wir können uns leicht die Werte und Vorstellungen in den Köpfen der Kolonialbeamten und Missionare vorstellen, die bestimmten, was gesehen und wie es dann interpretiert wurde. Und das ging dann als authentisches Zeugnis nach Hause. Was Kultur, Kleidung und Kunstfertigkeiten in den Ländern Afrikas Tradition hatte, nahmen nur wenige Europäer mit Hochachtung wahr. Stattdessen wurden „die Segnungen der Zivilisation" dorthin gebracht!

Doch auch das war nicht widerspruchsfrei. Die Afrikaner sollten zwar unsere Zivilisation übernehmen, doch taten sie es, so wurden sie als „Hosenneger" oder Nachäffer verspottet. Das Alte, Traditionelle ging nicht mehr - das Neue war aber auch nicht richtig! Das Bild des

In dem auch heute noch beliebten Comic „Tim im Kongo" begegnen wir etlichen „Hosennegern" und natürlich dem zupackenden Kolonialherren in Gestalt von Tim, der alle Probleme meistert.

„häßlichen Negers" wurde verbreitet, auf Postkarten nach Hause geschickt oder in Illustrierten zur Schau gestellt. Es waren besonders die Frauen, die zu Objekten des Spottes und des Schauderns degradiert wurden. Pseudo-ethnologisch sind die Bilder von Tellerlippen-Frauen, die mit dem Anspruch der Völkerkunde noch heute überall verbreitet werden, und uns suggerieren, dieser besondere Fall sei typisch für das Aussehen afrikanischer Frauen. Die Völkerkunde hat unser Wissen über Afrika leider oft auf unselige Weise beeinflußt.

Doch nicht nur in früheren Zeiten oder auf den Witzseiten von Boulevardzeitungen finden sich solch herabwürdigende Darstellungen von afrikanischen Frauen - auch Zeichner wie Jean Marc Reiser haben Erfolg damit. Zwischen 1970 und 1972 erschienen die von ihm gezeichneten Cartoons in der satirischen Zeitung „Charlie/Mensuel". Afrikanische Männer oder europäische Missionare sind darin zwar mit den entsprechenden Attributen - aber nicht sexistisch gezeichnet.[2]

Natürlich ist das Bild der häßlichen Afrikanerin nur die eine Seite des Klischees. Wir knüpfen heute eher an die alten Ethnopornos an, mit Fotos von wilden Tänzen und „überlieferten" Bräuchen, die so ganz nach unserem Geschmack sind!

Doch die Phantasien der europäischen Männer bleiben nicht ungetrübt, denn als Gegenstück zum Lustobjekt „nackte Negerin" gibt es die Vorstellung vom ungeheuer potenten Konkurrenten, dem schwarzen, wilden Mann! Es ist schon bedrohlich, wenn der folgende Satz einer Faltpostkarte stimmt: „All what you ever heard about black men ... is true!" (s. Abb. S. 54)

Das männliche Geschlechtsorgan des Afrikaners wird zwar (außer in Pornos) selten abgebildet, provoziert dafür aber umso mehr Phantasien im Kopf und Witze beim Bier. Kaum eine weiße Frau, die mit einem Afrikaner verheiratet ist, wird von entsprechenden anzüglichen Bemerkungen und Fragen in Hinblick auf ihren Mann verschont. Daß es so wenige Bilder von afrikanischen Männern mit offen sexueller Betonung gibt, erklärt sich damit, daß vornehmlich andere Männer die Abnehmer solcher Postkarten und Fotos sind. Für sie war das Bild des

Die Pseudoethnologie der Regenbogenpresse untersucht das Geschlechtsleben der Naturvölker. Unter dem Titel: „Liebesbräuche fremder Völker" tauchen dann Geschichten auf „von den Mädchen auf dem Prüfstand" oder dem „Sextest durch den Brautwerber bei den Turkana in Kenia."

potenten, wilden, ihnen in allem – außer dem Intellekt – überlegenen schwarzen Mannes viel zu bedrohlich. Außerdem brachte der Besitz solcher Fotos einen schnell in die Nähe der Homosexualität – eine Tabuzone weiter Gesellschaftskreise. So bediente man sich hier einer anderen Form der Herabwürdigung: Der schwarze Mann taucht in den alten Bildern der Kolonialzeit entweder als Wilder, als böser Zauberer oder gefährlicher Krieger auf – oder als friedlicher Träger in der Kolonne, als Zögling der Mission oder Angestellter der Kolonialverwaltung. Es sind Vorher-Nachher-Bilder, die unsere Anwesenheit und das brutale Eingreifen der Kolonialtruppen rechtfertigen sollen. Denn der wilde Afrikaner ist unzivilisiert und gefährlich. Er muß von uns Europäern bezwungen werden, zu seinem eigenen Wohle. Dabei gehören der Kolonialoffizier mit der Waffe in der Hand und der Missionar mit der Bibel zusammen. Ihr gemeinsamer Erfolg wird auf unzähligen Bildern dokumentiert. In dieser Tradition stehen die Bilder des gutmütigen schwarzen Riesen in der heutigen Werbung, die des Onkel Tom, der uns aus Dankbarkeit und Treue seine Dienste anbietet. Der Akt der Zähmung des Wilden ist gelungen!

Doch halt - ist der Afrikaner nun ein wilder Sexprotz oder ein stummer, treuer Diener, ist er ein gefährlicher Konkurrent oder ein dümmlicher Untertan??! Wird die Afrikanerin nun als wilde Schönheit oder als häßliches Affenweib gesehen??

Die Antwort darauf heißt - JA - ganz nach Belieben! Wir verfügen über viele für uns sehr nützliche Schubladen, in die der afrikanische

Mann oder die Frau hineingeschoben werden können: Geht es um die Aids-Berichterstattung, so tauchen die wilden, ungezügelten Neger auf und auch im Kenia-Tourismus sind Anspielungen auf die Sexualität und Ausstrahlung der Menschen beliebt. Mit dem Bild des wilden, sexuell ungezügelten Afrikaners wird Politik gemacht - es wird dann „herausgeholt", wenn es nützlich ist (und war).

Und wenn es uns anders herum paßt, dann tauchen freundliche (asexuelle) Kindsneger auf, die den Weißen für ihre Hilfe so dankbar sind ...

Den afrikanischen Mann und die afrikanische Frau als gleichwertiges Gegenüber zu sehen, würde bedeuten, Sexualität weder auszublenden noch als übermächtigen Persönlichkeitszug zu sehen, würde die Geschlechtlichkeit einfach als einen Wesenszug von Menschen betrachten, die in ihrer Verschiedenheit uns ebenbürtig sind.

„Rheinlandbastarde" und die „schwarze Schande"

1918, nach dem verlorenen 1. Weltkrieg, besetzten die Sieger das Rheinland. Als die Franzosen dazu auch schwarze Soldaten (aus Senegal, Madagaskar, Tunesien, Marokko und Algerien) einsetzten, ging ein Aufschrei der Empörung durch Deutschland. Das war eine „Schmach für die ganze weiße Rasse." [3]

In einer Resolution forderten damals alle Parteien (mit Ausnahme der USPD) den Rückzug der schwarzen Soldaten mit der Begründung:

„Die Deutschen empfinden diese mißbräuchliche Verwendung der Farbigen als eine Schmach und sehen mit wachsender Empörung, daß jene in deutschen Kulturländern Hoheitsrechte ausüben. Für deutsche Frauen und Kinder - Männer wie Knaben - sind diese Wilden eine schauerliche Gefahr. Ihre Ehre, Leib und Leben, Reinheit und Unschuld werden vernichtet. Immer mehr Fälle werden bekannt, in denen farbige Truppen deutsche Frauen und Kinder schänden, Widerstrebende verletzen, ja töten ..." [4]

Eine ganze Bewegung gegen die „schwarze Schmach" entstand - mit Protestpostkarten, Plakaten mit dem „schwarzen Vergewaltiger" und auch mit dieser Münze, die das bayrische Hauptmünzamt 1920 nach einem Stich des nationalsozialistischen Grafikers Karl Götz anfertigte. Obwohl sich keinerlei Beweise dafür finden ließen, daß die farbigen Besatzungstruppen sich schlimmer aufführten als die weißen,

Die Münze des bayerischen Hauptmünzamtes von 1920 zur „schwarzen Schande" tauchte 1989 im Zuge der Nostalgiewelle auf dem Berliner Flohmarkt auf.

wurde das Bild des schwarzen Vergewaltigers rassistisch begründet:

„Diebstähle und Geschlechtskrankheiten kommen bei Negern häufiger als bei weißen Soldaten vor, da sie den unmittelbaren Triebregungen weniger Widerstand leisten können." [5]

Gegen Vergewaltigungen an sich – als „Recht des Siegers" auch der deutschen Soldaten im Ausland, – wurde damit natürlich keineswegs protestiert ...

Schon aus dieser Zeit stammen Vorschläge, die entstandenen „Bastarde" zu töten oder doch wenigstens „zur Reinerhaltung des deutschen Volkskörpers" zu sterilisieren. Das wurde dann erst von den Nationalsozialisten in die Tat umgesetzt. [6]

Flugblatt des „Ausschusses für Volksaufklärung"

Werbet Mitglieder,
Männer und Frauen deutschen Blutes!

Flugblatt Nr. 4.
Bitte weitergeben!

Deutsche Frauen! Deutsche Mädchen!

Haltet Euch fern
von Juden, Negern, Russen, Mongolen

und von allen fremd- und niederrassigen Männern! Seid Euch des Adels Eurer Geburt bewußt! Hört auf die Stimme Eures Blutes!

Zeigt Rassestolz!

„Die Mulattenkinder sind entweder durch Gewalt entstanden oder aber die weiße Mutter war eine Dirne. In beiden Fällen besteht nicht die geringste moralische Verpflichtung gegenüber dieser fremdrassigen Nachkommenschaft.“ [7] hieß dann eine Begründung – obwohl aus amtlichen Untersuchungen hervorging, daß nur eine Mutter als Grund für das Zustandekommen ihres Kindes eine Vergewaltigung angab.

Farbige Kinder als minderwertige Bastarde oder als Schande, ihre deutschen Mütter als Dirnen oder als Opfer der Gewalt, ihr afrikanischer Vater als Wüstling – diese Vorstellungen schwingen noch heute in vielen Blicken und Bemerkungen mit, die afro-deutsche Familien in Deutschland zu spüren bekommen.

„Jumbo“ Plakat zur Stationierung schwarzer französischer Soldaten in Deutschland nach 1918

Zehn kleine Negerlein, die machten sich 'nen Jux.
Sie lernten blitzen blitzeschnell *) mit Philips „Photoflux"

**) Auch Sie können das Blitzen blitzschnell lernen. Nehmen Sie 1/25 sec. Verschlußzeit, setzen Sie in Ihr Gerät eine Philips „Photoflux" Blitzlampe ein – und Ihre Kamera ist schußbereit!*

Zehn kleine N
Nur Bim schlich *) hinte

**) Wann immer Bim den Bin
Schnappschüsse zu machen
Schnappschußeinstel*

Sieben kleine Negerlein, die blitzten Bu, die Hex' *).
Bu hexte Ben plus Blitzlicht weg. Da war'n es nur noch sechs.

**) Bus' Zaubergewänder waren so bunt, daß die sechs übrigen Farbaufnahmen machten und dafür selbstverständlich blaue „Photoflux" Blitzlampen benutzten.*

Sechs kleine Negerlein durchtanzten Schuh' und Strümpf',
bis Jussuf auf den Rücken fiel *). Da war'n es nur noch fünf.

**) Auf den Rücken vor Staunen fiel Jussuf auch, als er sah, wie gut das Tanzphoto gelang. Der Blitz der Philips „Photofluxe" ist so kurz, daß selbst schnelle Bewegungen messerscharf werden.*

Fünf kleine Ne
bis Bob berauscht zu

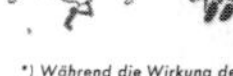

**) Während die Wirkung de
B
**) In allen technische*

ZEHN KLEINE NEGERLEIN

Aktueller Hit wegen Rassismus gestoppt

ten im verein.
'ar'n es nur noch neun.

Freunde, um von dem Kleinen
ürlich das Kärtchen für die
x"-Packung beiliegt.

Neun kleine Negerlein, die blitzten Gnus*) bei Nacht.
Bips kam im Trab vom Wege ab. Da war'n es nur noch acht.

*) Daß sie bei Mondlicht die richtige Blende schnell und leicht von der Rückseite der „Photoflux"-Packung ablesen konnten, braucht kaum erwähnt zu werden.

Acht kleine Negerlein, die blitzten Ihre Lieben.
Nur Bumm lief dumm*) zur Tür hinaus. Da war'n es nur noch sieben.

*) Dumm muß Bumm deshalb genannt werden, weil er es übersah, daß es gerade zuhause die schönsten Gelegenheiten für Blitzaufnahmen gibt, wobei die absolute Zündsicherheit der ,,Photofluxe'' gelungene Aufnahmen gewährleistet.

en kühles Bier*),
war'n es nur noch vier.

ben Sie das ,,Photoflux''-
r Fotofachhändler.

Vier kleine Negerlein, die riefen laut: „Juchhei!
Fips kriegt in Fez 'nen Blitzlichtpreis*)! Nun sind wir nur noch drei."

*) Der Preis der Philips-„Photoflux„-Blitzlampe ist übrigens erstaunlich niedrig: nur 40 Pfg.!

Drei kleine Negerlein, die blitzten mit Geschrei.
Doch Omar ging der Vorrat*) aus. Da blitzten nur noch zwei.

*) Omar ging der Vorrat an Blitzlampen aus. Das kann natürlich nur im Urwald passieren, denn bei uns zu Lande sind Philips „Photoflux" Blitzlampen in der roten Packung überall erhältlich.

Plattencover der Single. Besonders sexuell „anstößige" Stellen wurden von der Plattenfirma geschwärzt. Das anstößige Gesamtwerk sollte wohl durch Art. 3.1 des Grundgesetzes verharmlost werden.

Die Gruppe Time to Time verstand im Mai 1991 die Welt nicht mehr. Mit ihrem doch wohl „völlig harmlosen" Song von den Zehn kleinen Negerlein wollten sie doch nur ein uraltes Kinderlied aufpoppen. An Rassendiskriminierung hatten sie nie gedacht, vertrauten sie der Zeitschrift „Bravo" an. Sie hatten deshalb auch gleich den Art. 3 des Grundgesetzes auf's Plattencover gedruckt. Warum wohl?

Zehn kleine Negerlein - wer hat das Lied als Kind nicht gesungen? Die meisten von uns besaßen auch ein Bilderbuch, in dem sich die Zahl der Negerlein von Seite zu Seite verringerten. Zum Schluß blieb das letzte Negerlein traurig übrig oder es wurde – wen wundert es bei der Überbevölkerung – sehr fruchtbar. Dieses Lied, das seit Generationen in den meisten deutschen Kinderzimmern gesungen und gelesen wurde, soll rassistisch sein? Zuerst einmal, seit wievielen Generationen kennt man es eigentlich? Jörg Becker ist dem nachgegangen und fand die erste schriftliche Aufzeichnung 1869 in England.[1] Der Schlager „Ten little Niggers" lehnte sich an den nordamerikanischen Song „Ten little Injuns" (= Indianer) an. Dieses Datum macht einen Sinn, waren zu der Zeit doch die Indianer weitgehend ausgerottet, während die Abschaffung der Sklaverei in den Südstaaten schwarze Arbeitskräfte freisetzte zur Neuverteilung.

Und was ist so schlimm an diesem Song?

1. Es ist die doppelte Verkleinerungsform *kleine* Neger*lein*, die den Schwarzen, den Afrikaner als Kind zeigt, das
2. naiv und selbstzerstörerisch handelt. Selbst kleine deutsche Kinder wissen, daß sie nicht so dumm wären, daß sie in ähnlichen Situationen vernünftiger handeln würden, daß sie überlebten.
3. Es wird dem Kind das Wort *Neger* selbstverständlich gemacht, das Afrikaner, Schwarzamerikaner und Deutsche mit dunkler Hautfarbe als Schimpfwort empfinden.
4. Tod und Vernichtung, das Verschwinden von Menschen wird als Kinderei, als harmlos, als Spiel hingestellt. Es ist einfach lustig und hat Unterhaltungswert, wie die Gewaltvideos, über die wir uns so entrüsten.

10 kleine N..., sich auf Urlaub freun, das eine
schmerzt ein böser Zahn, da warens... SCHMERZ
9 kleine N..., die gingen auf die Jagd,
einer schoß sich durch den Kopf, da warens... TOD
8 kleine N..., die wollten sich nicht lieben,
sie schlugen sich die Köpfe ein, da warens... TOTSCHLAG
7 kleine N..., die gingen zu ‘ner Hex,
das eine hat sie totgehext, da warens... TOD
6 kleine N..., die gehen durch die Sümpf,
doch eins erschrickt vor einem Frosch, da warens... ERSCHRECKEN
5 kleine N..., die kämpften mit dem Stier,
eines wurde aufgespießt, da warens... TOD

4 kleine N..., die fuhr'n nach Spanien,
ein Stier nahm eines auf's Geweih, da warens... TOD
3 kleine N..., die machten groß Geschrei,
das eine hat sich totgeschrien, da warens... TOD
2 kleine N..., die gingen zu 'nem Schreiner,
der hat das eine eingesargt, da warens... ?
1 kleines N..., das fuhr mal in der Kutsch,
da ist es hinten durchgerutscht, nun warn sie alle... FUTSCH
oder
1 kleines N..., das lockte aber bald,
die anderen 9 Negerlein mit Trommeln aus dem... WALD
oder
1 kleines N..., das ist nicht gern allein,
es sucht sich eine Negerfrau, denn schöner ist's zu zwein.
Es baut das kleine Negerlein mit seiner Frau ein Heim
bald spielen dort im Sonnenschein zehn kleine N... FRUCHTBAR

Zusammenschnitt aus verschiedenen Versionen des Liedes.[2]

Und wie geht die Geschichte mit der Gruppe Time to Time weiter? Der „Expreß" meldet noch im April 1991: „... auf Anhieb in die Single-Charts. Die Pop-Version von den ‚Zehn kleinen Negerlein' kletterte zuletzt auf Platz vier. Tendenz steigend." [3] Im Juni '91 war dann in „Bravo" zu lesen: „Platte wegen ‚Rassismus' gestoppt. Nach verkauften 120 000 Platten nahm die Firma Elektrola den Titel vom Markt." Zwischen den beiden Meldungen liegen unzählige Aktionen, z. B. die Aktion von Pfarrer Klaus Gockel aus Krefeld, der eine Unterschriftenaktion startete, in der die Unterzeichner an die Firma EMI Elektrola schrieben: „... Wir sind empört und zornig, daß Sie den Rassismus, der schon in dem alten Lied steckte, durch den neuen Text wieder aufleben lassen und damit - anscheinend erfolgreich - auf Kundenfang gehen. Wir werden Platten Ihrer Firma nicht mehr kaufen, bis Sie uns glaubwürdig versichern, daß die obige CD aus dem Handel genommen wird."

Solche Aktionen sind nicht der „Schnee von gestern". Die Zehn kleinen Negerlein werden als Kinderbuch noch immer in Millionen-Auflagen vertrieben. Die Verlage reagieren nicht so schnell auf den drohenden Gewinnverlust, wie die Aktion von „Wehret den Anfängen" zeigt. Aber vielleicht braucht es einfach mehr Menschen, Gruppen und Schulen, die den Protest verstärken. Wie wäre es mit einem „Gang durch die Kinderzimmer des Ortes"? Die dort gefundenen Platten, Cassetten und Bücher liefern ausreichendes Adressenmaterial derjenigen Firmen, die an der Diskriminierung verdienen. Und die Stadtbücherei macht sicher mit, um zu zeigen, wie die Kinderzimmer wieder mit spannenden Büchern aus und über Afrika gefüllt werden können.

DER MISSIONAR IM KOCHTOPF
Ein kannibalistisches Vergnügen

„Wir fragen mal im nächsten Dorf, was das Schild bedeutet!" 1

„Untersteh' dich, Karlheinz!" 2

„Bitte laßt mich nochmal zur Toilette ... 's ist auch besser für Euch!" 3

„Dies ist ein Missionar, mein Sohn – gütig, freundlich und rechtschaffen – und dazu sehr wohlschmeckend ...!" 4

„Hi-hi – hoffentlich wird's mir nicht zu kalt mit ihm im Garten ... !" 5

6

Als ich einer Gruppe von Jugendlichen die nebenstehenden Witze zeigte, lachten sie laut los. Anschließend habe ich sie um spontane Äußerungen gebeten. Und das fiel ihnen ein:

1 Die im Auto sind aber dumm. / Das ist da, wo der Kannibalismus gang und gäbe ist. / Aber da gibt es doch keine Verkehrsschilder.
2 Warum kochen die eigentlich immer die Frau? / Wenn das die einzige Sorge der Frau ist, dann ist die aber ganz schön blöd.
3 Späte Rache ist süß. / Sie denkt nicht an sich. / Toiletten gibt's im Busch wohl nicht.
4 Das ist Kannibalismus ohne Tatkraft, denn der führt's ja gar nicht durch. / Hier wird der Kannibalismus an die nächste Generation weitergegeben.
5 Hier ist der Schwarze aber schon in der Nähe der Zivilisation. / Der Bösewicht ist als gute Prinzessin verkleidet.
6 Die haben den Weißen wohl mit allem drum und dran in den Kochtopf gesteckt. / Daß der die Uhr ausspuckt zeigt seine Interessenlosigkeit an solchen Dingen. Der hat wohl noch nie 'ne Uhr gesehen.

Straßeninterviews zu einem der Witze brachten weitere Meinungen:

„Vor denen muß man ganz schön aufpassen." „Ja früher, da haben die Menschen gefressen, auch den Missionar, der ihnen helfen wollte. Aber jetzt dürfen die das nicht mehr." „Find' ich witzig. Aber die waren ja so, bevor wir kamen." „Dat die uns einfach auffressen. Dat sieht man doch, wie die jetzt alle zu uns rüberkommen. Die fressen uns noch die Haare vom Kopf." „Der Idi hatte doch auch Menschenköpfe im Kühlschrank. Die sind eben so."

„Was wir lachend lernen, lernen wir gut" behauptet ein Lehrer, der begeistert ist, wie gut seine Schülerinnen mit Hilfe von Witzen lernen. Aber was haben die Jugendlichen und Passanten mit *diesen* Witzen so gut gelernt? Schwarze sind Kannibalen, Bösewichte, ohne Zivilisation (keine Toiletten, keine Uhren), ziemlich dumm, denn sie kochen z.B. das Fleisch in der Verpackung. Wir müssen uns jedenfalls vor ihnen in acht nehmen. Die Weißen – über die wir ebenfalls lachen – sind auch etwas dumm und naiv. Aber das ist ja nicht so gemeint. Ist es das, was wir gelernt haben? Nähern wir uns noch einmal dem Kochtopf-Neger-Witz von der psychologischen Seite her. Befragen wir Sigmund Freud, der in seinem Aufsatz „Der Witz und seine Beziehung zum Unbewußten" zeigt, daß die „feindseligen Impulse gegen unsere Nebenmenschen (...) seit unserer individuellen Kindheit wie seit den Kinderzeiten menschlicher Kultur den nämlichen Einschränkungen (...) (unterliegen). Wir haben es noch nicht so weit gebracht, daß wir unsere Feinde zu lieben vermöchten (...) Innerhalb unseres eigenen Kreises haben wir doch Fortschritte in der Beherrschung feindseliger Regungen gemacht. Wo man jetzt sagt: Entschuldigen Sie, da schlug man einem früher ums Ohr. Die gewalttätige Feindseligkeit, vom Gesetz verboten, ist durch die Beleidigung in Worten abgelöst worden (...) Mit kräftigen Anlagen zur Feindschaft noch als Kinder begabt, lehrt uns später die höhere persönliche Kultur, daß es unwürdig ist, Schimpfwörter zu gebrauchen (...) Seitdem wir auf den Ausdruck der Feindseligkeit durch die Tat verzichten mußten – durch den leidenschaftslosen Dritten daran gehindert, in dessen Interesse die Bewahrung der persönlichen Sicherheit liegt -, haben wir (...) eine neue Technik der Schmähung ausgebildet, die auf die Anwerbung dieses Dritten gegen unseren Feind abzielt. Indem wir den Feind klein, niedrig, verächtlich, komisch machen, schaffen wir uns auf einem Umwege den Genuß seiner Überwindung, den uns der Dritte, der keine Mühe aufgewendet hat, durch sein Lachen bezeugt." [1]

So haben wir uns mit Hilfe des Witzes dem Zwang von Logik und Moral entzogen. Wir können ungehemmt über Mord und Kannibalismus lachen und darüber, daß die Opfer im Kochtopf aktiv ins Geschehen eingreifen. Der Witz erlaubt uns die Befriedigung einer verbotenen Triebregung, nämlich einen Menschen tatsächlich zu kochen und zu fressen, ihn völlig zu vernichten. Die Kannibalenwitze sind also Medien der Aggression, unsere geistigen Schlaginstrumente und in ihrer gesellschaftlichen Funktion Ventil für aufgestaute Aggressionen, die abgeleitet werden müssen. Es bleibt zu klären, wer da der Blitzableiter ist. Um diese Frage zu beantworten, nehmen wir eine Schere und trennen *Opfer* und *Täter* der Witze. Zuerst die bedauernswerten Opfer, die Weißen:

keine Spur von Angst; äußerst aktiv predigen, spucken, rauchen sie oder filmen gar den ganzen Spaß, während die Flammen züngeln und das Wasser dampft; angezogen mit Hut und Hemd weisen sie sich aus als Mitglieder einer zivilisierten Welt, in der man und frau sich ordentlich kleidet.

Und nun die Täter:
grinsend oder dümmlich dreinschauend; barfuß, mit Lendenschurz oder Baströckchen, Ohr- oder Nasenring, Knochen im Haar, jedenfalls so gekleidet, als müsse sich die nächste Rote-Kreuz-Kleidersammlung ihrer annehmen. In der Haltung meist statisch, halten sie einfache – primitive? – Mordwerkzeuge in der Hand.

Mit dieser Darstellung wird die Bedrohung durch den Kannibalen wieder aufgehoben. Es ist klar, wer hier der Bestimmende, der Dominierende, der Zivilisierte ist. Auch das haben wir lachend gelernt.

Doch es gibt eine Witzvariante, in der die Kannibalen auch moderne Geräte benutzen, um den naiven Weißen garzukochen.

„Entwicklungshilfe"

Zum oberen Witz rutschte es einer Jugendlichen raus: „Der kocht sich ja selber." Und zur „Dosenfabrik" meinte ein anderer: „Das ist eine selbstentwickelte Falle des Opfers." Tatsächlich haben viele das Gefühl, daß wir uns mit unserer Entwicklungshilfe selbst schaden. Uns mit unserem Geld, unseren Maschinen, unserem Know-how dort selber Konkurrenz machen. Waren sie nicht in ihrem Urwald, in ihrer Ursprünglichkeit zwar arm, aber glücklich? Sind wir nicht Opfer unserer eigenen Gutmütigkeit? Ja, auch das lehrt uns der Witz lachend. Und wer da kommt mit ungerechten Welthandelsstrukturen, Ausbeutung und Folgen des Kolonialismus, den lachen wir aus.

KINDERTRÄUME WERDEN WAHR

Vom Sarotti- und anderen süßen Mohren

Die erste Begegnung mit dem Neger hat ein Kind wahrscheinlich übers Leckerland. Ob Mohrenkopf oder Negerkuß, Negertaler aus Lakritz, Black Lolly oder Negerbrot - alles ist süß und braun. Schon früh gewöhnt sich das Kind an den süßen Geschmack im Schokoladenüberzug und verbindet ihn mit dem Bild des „Negers“ des „eßbaren Negers“. Die Firma Nestle, die den Sarotti-Mohr im Angebot hat, machte sich diesen Zusammenhang zunutze. Dirks Andrees, Vizedirektor einer Werbeagentur, die den Mohren betreute und weiterentwickelte, schreibt 1974 über die Wirkung dieses Markenzeichens:

„... Der Sarotti-Mohr stellt ein sogenanntes Kindchen-Schema dar, auf das Menschen allgemein, insbesondere Frauen mit Sympathie reagieren. ... Der sympathische Charakter des Mohren führt in eine heile zum Teil verklärte Kinderwelt, an die man gern zurückdenkt. ... Der Sarotti-Mohr erinnert an kindliche Befriedigungsformen des Bedürfnisses nach Süßem.“ [1] Daraus entwickelt er das folgende Werbekonzept: „Der Sarotti-Mohr macht Märchen wahr. - Welche Märchen kann der Sarotti-Mohr wahrmachen?

1. Emotionale Märchen
   - Den Wunsch nach einer heilen Welt
   - Die Rückerinnerung an die geliebte Kindheit
   - Das Träumerische
2. Produktmärchen
   - Träume aus Schokolade und Nougat, Mandeln und Marzipan“ [2]

1989 beschreibt Wolfgang Majer die Weiterentwicklung dieses Werbekonzeptes:

„Die hohe Akzeptanz, die der Sarotti-Mohr in allen Verbraucherschichten erfährt, liegt zunächst in der Tatsache begründet, daß er ein menschliches Markenzeichen-Symbol darstellt, nicht graphisches Zeichen und nicht Tier. Sympathie erwächst ihm aus seiner typischen, frühkindlichen Gestalt, die sich - nach dem Verhaltensforscher Konrad Lorenz - auf Körper und Gesicht in Form und Ausdruck bezieht und zum Schlüsselreiz für die Erlebnisqualität des ‚Herzigen‘ wird.

Zugleich ist der Sarotti-Mohr eine Märchenfigur aus ‚1001er Nacht’, so sagen die Verbraucher. Seine exotische Kleidung und die dunkle Hautfarbe tragen gleichermaßen zu dieser Wirkung bei. Das Märchenhafte seiner Gestalt hat deshalb wahrhaftig nichts mit Rassendiskriminierung zu tun“, meint Herr Majer.[3]

Auch Dr. Oetker profitiert von diesem Kindchenschema. So tönte es am 30.7.1991 um 8.07 Uhr beim RTL-Frühstücksfernsehen: „Man nehme 14 feine Negerlein aus der bunten Truhe von Dr. Oetker.“ [4] Es geht dabei um Eis mit Schokoladenüberzug. Frau Dr. Morgan vom Kreisausschuß des Landkreises Darmstadt-Dieburg machte die Firma bofrost - Genuß direkt ins Haus - auf die diskriminierende Bezeichnung „Eis-Negerlein“ in ihrem Angebot aufmerksam. Die Firma antwortete prompt und schrieb:

„... Wir bedauern es sehr, daß Sie mit unserer Produktbezeichnung ‚Eis-Negerlein‘ nicht zufrieden sind. Auf keinen Fall verwenden wir den Namen in diskriminierender Absicht. Bei Aufnahme dieses Produktes haben wir seinerzeit diese Frage intensiv diskutiert. Wir ließen

eine Marktforschungsananlyse erstellen. Daraus ging hervor, daß die Bezeichnung ‚Eis-Negerlein' für unsere Produkte vom überwiegenden Teil der Befragten als zutreffend und passend empfunden wurde. Der Anteil der Befragten, die gleichzeitig darin eine rassistische Diskriminierung sah, war praktisch gleich Null. Es wurde im Gegenteil einige positive Vergleiche zu Kindheitserinnerungen gezogen, z.B. zu dem überall bekannten Kinderbuch und Kinderlied ‚10 kleine Negerlein'.

Auch ein Blick in die Süßwarenbranche zeigt, daß sich solche oder ähnliche Begriffe wie z.B. ‚Eis-Negerlein' durchaus im deutschen Sprachgebrauch eingebürgert haben, wie z.B. ‚Mohrenkopf' und ‚Sarotti-Mohr'. In Anlehnung an die o.g. Kindheitserinnerungen wirken diese Bezeichnungen durchweg sympathisch und positiv. Aus diesem

Grund haben wir uns guten Gewissens für diese Bezeichnung entschieden. Dessen ungeachtet sind wir natürlich gern bereit, über eine Namensänderung nachzudenken. ...“ [5]

Sie wirklich durchzuführen, wird wohl nur dann geschehen, wenn genügend Verbraucher sich kritisch zu Wort melden.

Die Bezeichnungen sind also kein Zufallsprodukt, gedankenlos in die Welt gesetzt, sondern in der Verkaufsstrategie gezielt eingesetzt. Sie heben ab auf unsere Träume, angesichts der vielen Einschränkungen im Alltag oft unerfüllte und unerfüllbare Träume, die wir auf den Neger, den Afrikaner projezieren. Er ist kein Mensch mit menschlichen Zügen wie Trauer und Freude, Wut und Witz. In ihm werden unsere Träume wahr, ohne daß wir sie selbst verwirklichen müssen. Diesen Verdrängungsmechanismus würden viele noch hinnehmen mit dem resignierten Achselzucken – „Da kann man ja doch nichts dran ändern.“ Doch es gibt eine Kehrseite dieser süßen Träume. Mitten unter uns leben Afrodeutsche, d.h. Menschen mit dunkler Hautfarbe, auf die das Bild vom Eis-Neger und Sarotti-Mohr übertragen wird. Helga Emde, eine Afrodeutsche, beschreibt diese Kehrseite in ihren Erinnerungen und Reflexionen.

„Schwarz gleich nicht existenzberechtigt. Und genauso fühlte ich mich. Immer stand ich in der hintersten Ecke, war scheu und schüchtern und glücklich, wenn ich gefragt wurde, ob ich mitspielen wollte. Aber ja, und wie gerne. Nicht existenzberechtigt. Ich durfte nirgends auffallen, sonst wäre ich nicht als kleines freches Mädchen aufgefallen, sondern als ‚Nigger‘, ‚Mohrenkopf‘, ‚Sarottimohr‘. Ich durfte um keinen Preis auffallen, aber ich war schon immer für mein Alter ‚groß und kräftig‘.Ich durfte nicht auffallen und fiel mit meinem krausen Haar und meiner schwarzen Haut jedem ins Auge. Nicht selten erdreisteten sich die Leute, selbst im Beisein meiner Mutter, mein Haar zu ‚bewundern‘, d.h. es anzufassen und ihrem Entzücken über das Gefühl von Roßhaar freien Lauf zu lassen. Was meine Mutter dabei empfand, weiß ich nicht. Aber es schien mir immer, daß sie sich irgendwie geschmeichelt fühlte. Vielleicht fand sie dadurch auch Beachtung. Aber über sowas wurde nie gesprochen. Fast täglich wurde meine gute deutsche Aussprache bewundert und gleichzeitig nach meiner

Der Mohr nur für die glücklichen Stunden?
1987 veranstaltete Sarotti einen Schreibwettbewerb unter dem Motto: „Ich bin ganz Mohr". Gefragt waren Berichte zu Augenblicken, da man ganz Mohr ist, also besonders „gut drauf", voller Lebensfreude, begeistert und wo man sich durch nichts den glücklichen Moment zerstören läßt. Und irgend etwas erinnert einen plötzlich, so der Ausschreibungstext, an den Sarotti-Mohr und seine gute Schokolade. Wir beteiligten uns, leider nicht preisgekrönt, mit folgendem Beitrag am Wettbewerb:
Ich bin ganz Mohr.
Nieselwetter. Trübsinnig ziehe ich durch die Stadt. Einfach öde. Mit einem mal fällt es wie ein Sonnenstrahl in mein Gemüt: Vor mir leuchtet der Sarotti-Mohr von der Plakatwand. Nicht er allein ist es; erst durch den Schwarzen davor - wohl Asylant? -, der die Bierdosen vom Bürgersteig fegt, wird das Bild komplett. Blitzartig weiß ich es: Ich lebe auf der Schokoladenseite der Welt. Bin Herr, auch wenn nur kleiner Angestellter. Vor lauter Glück über diese Erkenntnis hätte ich fast den Schwarzen umarmt, doch Diener brauchen eine andere Behandlung. Mir ist ganz moorig zumute, als ich weiterziehe.

Herkunft gefragt. Oft kam ich mir ‚putzig‘ oder exotisch vor, aber nie wie ein Mensch mit Gefühlen. Ich mußte früh lernen, Verletzungen und Kränkungen zu ertragen, d.h. sie zu verdrängen, abzuspalten, um nicht permanent verletzlich und angreifbar zu sein. Worte wie ‚Nigger', ‚Sarottimohr', ‚Negerkuß‘ oder ‚Mohrenkopf‘ hörte ich schon in frühen Jahren und nicht zu selten.

Schimpfnamen mit einem süßen Beigeschmack. Denn wer ißt als Kind nicht gerne Süßigkeiten? Ich mochte sie gerne und habe mich immer geschämt, in einem Geschäft einen ‚Mohrenkopf‘ oder ‚Negerkuß‘ zu verlangen. In der Schule hatte ich eine Freundin, die immer über reichlich Taschengeld verfügte. Nach dem Unterricht lud sie mich nicht selten zum ‚Mohrenkopfessen‘ ein ...“ [6]

Nach der alten deutschen Weisheit: „Das Gegenteil von ‚gut‘ ist oft ‚gut gemeint'“ wird deutlich, daß Einschätzungen wie „positive Vergleiche zu Kindheitserinnerungen“, „heile Kinderwelt“, „sympathisches Kindchenschema“ und „das Märchenhafte seiner Gestalt“ vielleicht gut gemeint sind, aber genau das Gegenteil von „gut“ bewirken. Es ist also nicht entscheidend, wie wir etwas gemeint haben, sondern wie es die Betroffenen empfinden.

SCHWARZE GAZELLEN UND BRAUNE BOMBER

Rassismus im Leistungssport

Kamerun – Argentinien • Riesen-WM-Sensation

1:0 Schwarze Löwen fraßen Maradona

Und das mit nur 9 Mann

Samstag, 9. Juni 1990 50 Pf

Bild

UNABHÄNGIG · ÜBERPARTEILICH

Leser-Telefon: 0221/16 04 40

Ungeheuer, dieser Müller aus dem Busch

Mailand – **Vorgestern sagte Francois Omam-Biyik: „Wunder gibt es nicht." Gestern schrieb BILD: „Achten sie am Fernseher vor allem auf die Nummer 7! Omam-Biyik (24) ist Kameruns ‚schwarzer Hrubesch'. Er ist ein Kopfball-Ungeheuer."**

Nach seinem Kopfball-Tor ist der Stürmer, der sich selbst Gerd Müller nennt, ungeheuer berühmt! Strahlend erzählte der Mann mit dem dünnen Schnurrbart und den Zahnlükken: „Es war mein Traum, gegen Weltmeister Argentinien ein Tor zu schießen. Ich widme es unserem Präsidenten, der auf der Tribüne saß."

Omam-Biyik (weder verwandt noch verschwägert mit dem vom Platz gestellten Kana-Biyik) spielt für Stade Laval – in Frankreichs 2. Liga. Nach einer Knieoperation 1988 lief für den 1,80 m großen Stürmer (72 Kilo) lange nichts. Jetzt träumt er von einer großen Karriere: „Mit diesem Tor fange ich noch mal von vorne an."

Mit seinem Kopfball hat der neue Nationalheld den Kopf seines Trainers Waleri Nepomniachi gerettet. Denn Staatspräsident Biya wollte Kameruns altes Fußball-Idol Paul Milla (38) in die Stamm-Elf kommandieren (BILD berichtete). Doch Kameruns UdSSR-Train…

Kameruns Trainer trommelt: Wir können es noch besser!

Das Tor, das um die Welt geht: Omam Biyik hat sich in einen Freistoß geschraubt, drückt den Ball mit der Stirn aufs Tor, in dem Pumpido pennt.

Aus der *Nürtinger Zeitung*: „‚Es wird Zeit', hat Kameruns Stürmer François Omam Biyik nach dem 1:0 über Argentinien gesagt, ‚daß die Leute begreifen, daß wir keine Gorillas sind, die an den Bäumen hängen und Bananen fressen.' In dem Moment freilich, da die Leute dies wirklich begreifen würden, wäre Kamerun für die Schlagzeilen dieser Weltmeisterschaft nur noch halb so interessant."

„Beim Weitsprung flog Weltrekordler Powel (Schwarzamerikaner) fast über die Sprunggrube hinaus!" meldeten die Schlagzeilen. Und wenn die schwarzen Supersprinter Carl Lewis oder Leroy Burell auf der roten Bahn laufen, wird die Stimmung ekstatisch: „Die Bizepse angespannt, die Oberschenkelmuskulatur wie modelliert, ganz Körper" begeistert sich der Kommentator angesichts der in den Startlöchern geduckten Läufer. Zehn Sekunden später: „Gazellen gleich sprinten sie über die Ziellinie" - der Siegeszug der schwarzen Athleten bei den Leichtathletik-Weltmeisterschaften in Tokio 1991 war nicht zu stoppen. Und zugegeben: sie sehen ja wirklich gut aus - so durchtrainiert und in ihren engen Trikots - eben „ganz Körper".

Schönheit des Körpers war in Deutschland schon einmal Thema. Damals, in der Zeit von „Kraft durch Freude" bannte Leni Riefenstahl die athletischen Körper der Olympischen Spiele 1936 in Berlin auf Zelluloid. Von ihrem preisgekrönten Film „Fest der Schönheit" erzählen die einen heute noch begeistert, während andere ihn als faschistischen Kraftkult oder Männlichkeitswahn bewerten. In der Nach-

kriegszeit verhinderten Riefenstahls enge Beziehungen zu Hitler und seiner Führungsclique neue Filme zur Verherrlichung der Herrenrasse. Erst als sie in den 60er Jahren in Afrika die athletischen Nuba beim Ringkampf fotographierte, schloß sich der Kreis: Ganz Körper sind die nackten Nuba beim sportlichen Ringkampf, wie auch die schweißtriefenden schwarzen Sportler auf dem Bildschirm.

Im Boxsport haben die Siege schwarzer Champions eine lange Tradition von Joe Louis bis Muhammed Ali. Ihre Kämpfe bewegten einmal ganz Deutschland. Als Max Schmeling den „braunen Bomber" Joe Louis schlug, vertraute der Propagandist des Nationalsozialismus, Joseph Goebbels, seinem Tagebuch an: „Schmeling hat für Deutschland gefochten und gesiegt. Der Weiße über den Schwarzen, und der Weiße war ein Deutscher." [1] Als Schmeling später geschlagen wurde, verbot Goebbels, Filmaufnahmen davon zu zeigen.

Heute wird keiner mehr die Siege schwarzer Spitzensportler über weiße so kommentieren. Wir leben nicht mehr in den Zeiten des Nationalsozialismus und des Rassismus, doch bei aller Bewunderung über die Leistungen dieser Gazellen, Bomber und Sport-Show-Master mischt sich bei manchen die beklommene Frage, was wohl die „schwarze Rasse" zu solchen Höchstleistungen befähigt, ob gar physiologische Unterschiede die Schwarzen bevorteilen. Sporttheoretiker verbreiten denn auch, daß z.B. günstig eingestellte Beckenknochen den farbigen Sportlern zum wuchtigen Punch verhelfen,[2] und Professor Jockl von der Universität Lexington (Kentucky) wollte schon 1974 herausgefunden haben, daß die Muskeln der Schwarzen Enzyme enthalten, „die es gestatten, aus dem Nährstoffhaushalt kurzzeitig ungewöhnlich hohe mechanische Energien freizusetzen." [3] Solche Untersuchungen lassen uns unsere Niederlagen auf dem Sport-Kampf-Feld leichter ertragen, denn gegen die biologische Überlegenheit solcher Muskelpakete sind wir einfach machtlos.

Aber stimmen diese Theorien und Untersuchungen denn? Der Anthropologieprofessor Hunt von der Pensylvania State University und sein britischer Kollege Charrington fanden in einem 15 000-Dollar-Forschungsauftrag heraus, daß „schwarze Schwimmer im Wasser schneller abkühlen, da ihre Fettstoffe im Körper anders verteilt seien." [4] Dies erkläre, warum schwarze Schwimmathleten bisher keinen Weltrekord aufgestellt haben. Doch andere Wissenschaftler analysierten dieses Phänomen ganz anders. Lange Zeit waren nämlich in den USA die Pools für Schwarze aufgrund der Rassendiskriminierung tabu. Und da ohne Übung im Hochleistungssport nichts läuft, liegt es auf der Hand, daß der Schwimmsport unter den schwarzen Amerikanern nur wenig Tradition entwickelt hat. Als die Sportmediziner sich dann auf die Suche machten, fanden sie im Körperbau der Schwarzen kein einziges Merkmal, das allen Schwarzen gemeinsam ist. Heutige Genforscher vertreten die gleiche Meinung, denn auch sie können bei Schwarzen keine besonderen „Höchstleistungsgene" finden. So müssen die Erklärungen für die Sporterfolge wohl anderswo gesucht werden. Sieht man sich die Herkunft und die Lebensläufe schwarzer Sportler an, so erkennt man, daß der Sport für sie die Chance des sozialen Aufstiegs bietet, wenn sie hart genug trainieren. Und seit sich die Erfolge afrikanischer Sportler in Kenia und Kamerun herumgesprochen haben, trainieren dort immer mehr Jugendliche, getragen von der Hoffnung auf den großen Erfolg. In Deutschland finden wir sie dann auch immer zahlreicher in den Fußballmannschaften, was viele hier als ein gelungenes Beispiel für Weltoffenheit und Völkerverständigung ansehen. Endlich also einmal ein gutes Beispiel gegen den Rassismus?

Blenden wir doch noch einmal zurück zur Fußballweltmeisterschaft 1990. Da textete die Bildzeitung am 9.6.1990 als Titelzeile: „Schwarze Löwen fraßen Maradona - Und das mit nur 9 Mann". Da blitzt doch vor unseren Augen die Serengeti auf, wie wir sie aus dem Fernsehen kennen, werden die Geschichten der gefräßigen Kannibalen angetippt - und wer denkt bei den 9 Mann in diesem Zusammenhang nicht gleich an die 10 kleinen Negerlein? Weiter hinten in der Bild verkündet eine andere Schlagzeile: „Kameruns Trainer trommelt: Wir können es noch besser!" Ja, Kamerun und trommeln - doch der Trainer der kameruner Mannschaft hieß Waleri Nepomniachi und kam aus der UdSSR. Und noch etwas weiter textet Bild: „Ungeheuer, dieser Müller aus dem Busch." Es ging um den kameruner Stürmer Francois Oman-Biyik, der sich gerne Gerd Müller nennt. Nur, Herr Oman-Biyik wohnt und arbeitet in Laval in Frankreich. Dieser Herr Oman-Biyik „aus dem Busch" in Frankreich liegt nicht so falsch, wenn er nach dem 1:0 Sieg über Argentinien meinte: „Es wird Zeit, daß die Leute begreifen, daß wir keine Gorillas sind, die an den Bäumen hängen und Bananen fressen. In dem Moment freilich, da die Leute dies wirklich begreifen würden, wäre Kamerun für die Schlagzeilen dieser Weltmeisterschaft nur noch halb so interessant." [5]

Zurück zur Bundesliga mit ihren mittlerweile vielen schwarzen Spielern. Wenn diese am Wochenende auf das Spielfeld laufen, dann ist auf den Rängen der Affe los. Es fliegen Bananen auf das Spielfeld zu Schlachtrufen wie „Uhh, uhh" und „Husch, husch, husch, Neger in den Busch" oder „Schlagt den Neger tot". Die schwarzen Spieler läßt das nicht kalt. Sie wehren sich gegen die Anpöbeleien. Der Düsseldorfer Spieler Anthony Baffoe hat sich mit seinen afrikanischen Spielerkollegen zusammengetan zu einer Initiative gegen den Ausländerhaß in der Bundesliga. Sie fordern „Ausländer rein!" und sie meinen das ganz konkret: Ausländer rein in die Stadien! Borussia Dortmund hat darauf reagiert und gibt Asylbewerbern und Aussiedlern freien Eintritt. Doch ist das zu wenig, angesichts der Eskalation der Gewalt rund um die Fußballstadien. Der Fan-Soziologe Dieter Bott in Düsseldorf bemängelt, daß der Deutsche Fußballbund (DFB) die Verantwortung für diese Gewalt der Gesellschaft zuschiebt. Damit begeht der DFB erneut die Fehler der Vergangenheit und macht auf Kosten des Steuerzahlers und mit Hilfe der Polizei die Fan-Kurven zu Hochsicherheitstrakten. Im Gegensatz dazu fordert Bott, daß DFB und Vereine endlich unabhängige Fanprojekte unterstützen, gerade für die auffälligen und ausgegrenzten Jugendlichen, die Hooligans. Die werden sonst mangels Alternativen von Rechtsradikalen organisiert, wenn sie es nicht schon sind. Es gibt aber auch noch weitere Möglichkeiten rund um den Fußball - nicht nur die Solidarität der Spieler untereinander. Aus vielen Untersuchungen wissen wir nämlich, daß auch die Hooligans eine tiefe Bindung an ihren Verein und an ihre Stars haben. So ist es zum Beispiel erfolgversprechend, wenn sich die Profis zwei Stunden im Monat für die Jugendbetreuung Zeit nehmen. Ein solcher Passus müßte in ihre Verträge aufgenommen werden, fordert Bott. Die Stars treffen sich dann mit einer kleinen Gruppe aus ihrem Fankreis, und es kommt eine neue Ebene des Gesprächs in Gang, wo beide Seiten lernen können, wo man vielleicht sogar konkrete Hilfen anbieten kann. Doch für DFB und Vereine ist es offensichtlich gewinnträchtiger, den Rassismus auf dem Spielfeld zu beklagen, statt Geld in solche Projekte zu stecken.

Die schwarzen Bundesligaspieler haben sich zu den Vorgängen in den Stadien häufig in Zeitungen und im Rundfunk geäußert. Aus diesen Äußerungen haben wir hier ein (fiktives) Interview zusammengeschnitten. Die Gesprächspartner sind:

Souleyman Sane (Senegalese), spielt bei Wattensched 09; Diana Sane (Deutsche), seine Ehefrau; Anthony Yeboah (Ghanaer), spielt bei Eintracht Frankfurt; Anthony Baffoe (Ghanaer), spielt bei Fortuna Düsseldorf; Oliver Bage (Deutscher, schwarzer Hautfarbe), spielt bei Leverkusen.

Rassenhaß in der Bundesliga

Sane: Ausländerfeindlichkeit ist hier schlimm
Baffoe: Spreche besser Deutsch als viele Weiße
Yeboah: Warum nur beschimpfen uns die Leute?

Wattenscheids farbiger Stürmer-Star Souleyman Sane wurde in Hamburg angepöbelt und schoß zwei Tore

„Haß macht mich schneller"

Baffoe: Initiative gegen Ausländerhaß

Die farbigen Bundesliga-Spieler haben es schwer. Sie werden nicht nur von Fans beleidigt, sondern auch teilweise von ...

Sane bestrafte die Brüll-Affen

FRAGE: Herr Sane, Sie haben sich 1989 zusammen mit Anthony Yeboah (Eintracht Frankfurt) und mit Anthony Baffoe (Fortuna Düsseldorf) mit einem Brief an die Öffentlichkeit gewandt und auf den zunehmenden Rassismus im Sport hingewiesen. Was war damals der Hauptanlaß für diesen Brief?

SOULEYMAN SANE: Ich hatte in dieser Zeit immer wieder Probleme bei meinen Einsätzen in deutschen Fußballstadien: Zurufe, Bananenwürfe und so weiter.

FRAGE: Herr Sane, Sie sind beim Spiel gegen den HSV von HSV-Fans mit Rufen wie „Nigger raus" provoziert worden. Gewöhnt man sich an solche Beleidigungen?

SOULEYMAN SANE: Gewöhnen kann man sich nicht daran, doch mit der Zeit bekommt man ein dickeres Fell. Es ist ein trauriges Kapitel der Bundesliga, denn diese Schweinereien sind irgendwie auch Gewalttätigkeiten im Stadion ...

FRAGE: Und wie erklären Sie sich die Haßtiraden?

SOULEYMAN SANE: Kaum einer, der „Neger raus" brüllt, war jemals in Afrika. Eigentlich haben es die weißen Menschen gar nicht verdient, daß man sie in meiner Heimat oft wie Könige behandelt.

FRAGE: Woher kommt, Ihrer Meinung nach, dieser Haß?

SOULEYMAN SANE: Es ist wohl die Angst vor dem Unbekannten.

FRAGE: Welche Möglichkeiten haben Sie, Herr Sane, um sich zu wehren?

SOULEYMAN SANE: Die beste Antwort, die ich diesen dummen Menschen geben kann, ist meine Leistung auf dem Spielfeld. Als ich damals nach Freiburg kam, hatte ich einen jugoslawischen Trainer. Er hat zu mir gesagt: „Junge, paß auf. Wir sind Ausländer, Du und ich. Wenn du akzeptiert werden willst, dann mußt Du da draußen mehr Leistung bringen und mehr Tore schießen, als irgendein Deutscher." Und das versuche ich auch heute noch in jedem Spiel.

FRAGE: Nun haben Sie in dem angesprochenen Spiel zwei Tore geschossen und damit dem HSV das Pokal-Aus beschert.

SOULEYMAN SANE: Es war für mich auch eine Stimulanz. Normal laufe ich die 100 Meter in 11 Sekunden, aber wenn die Sprechchöre anfangen, kann ich noch zwei Zehntel zulegen.

FRAGE: Herr Baffoe, was sagen Sie zu den Anpöbeleien und Bananenwürfen im Stadion?

ANTHONY BAFFOE: Beim nächsten Mal sollten sie die Bananen lieber bündelweise werfen. Dann kann ich sie besser mitnehmen. - Ich spreche besser Deutsch als viele Weiße, deshalb sind die Leute bei mir vorsichtiger.

FRAGE: Der DFB ist ja Pate für die Kampagnen „Fair geht vor" und „Keine Macht den Drogen". Glauben Sie, es wäre nicht längst an der Zeit, eine Aktion „Keine Macht dem Rassismus im Sport" zu starten?

SOULEYMAN SANE: Das ist eine sehr gute Idee. Wenn jeder Verein und jeder Spieler bereit wäre, mitzumachen, wäre das super. Wir müssen aber auch den DFB mit einbeziehen. Bis jetzt machen die überhaupt nichts. Die sitzen in ihrem Büro in Frankfurt, hören zwar und lesen in der Zeitung über die Ausschreitungen, aber sie handeln nicht.

FRAGE: Frau Sane, lassen Sie die Vorkommnisse im Stadion kalt?

DANIELA SANE: Verteidigen brauch' ich meinen Mann nicht. Das macht er schon selber, mit seinen Toren. Früher ist er manchmal ausgerastet oder er war fertig mit der Welt. Heute ist er derjenige, der mich beruhigt. Denn auch ich bin in Stadien schon in ekelhafter Weise beleidigt worden. Es tut sehr weh. Wenn ich die Schreier höre, wenn ich sie sehe, schäme ich mich jedesmal, weiß zu sein. Wir möchten gerne Kinder haben. Aber bisher fehlte mir der Mut. Ich frage mich, ob man Kindern eine Welt, in der Menschen wegen ihrer Hautfarbe Hetztiraden ausgesetzt sind, überhaupt zumuten kann. Durch unsere Liebe sind wir stark. Aber wenn der Haß die Kinder trifft ...

FRAGE: Und was kann man dagegen tun?

SOULEYMAN SANE: Die Herren vom Deutschen Fußballbund müßten Maßnahmen gegen die Randalierer ergreifen. Sie sollten wenigstens versuchen, mit denen zu reden, denn rausschmeißen kann man die ja nicht.

ANTHONY BAFFOE: Wir schwarzen Spieler müssen endlich eine Initiative gegen Ausländerhaß gründen.[6]

DIENSTBARE GEISTER GESUCHT

Schwarze Gestalten in unseren Wohnzimmern

Das waren noch Zeiten, als es echte Diener gab! Heute dagegen ist es schon schwer, eine gute Putzfrau zu bekommen ... wenn man sie überhaupt noch bezahlen kann. Dafür gibt es im Kaufhaus dienstbare Geister zum Sonderpreis: Sie halten ein Tablett, den Aschenbecher oder eine Lampe und sind – natürlich schwarz. „Ich bin doch nicht dein Neger" heißt es nicht umsonst in unserer Umgangssprache.

Der Neger als Diener hat eine lange Tradition: Nach den ersten „Entdeckungsreisen" der Portugiesen an die Westafrikanische Küste waren mitgebrachte „Mohren" als Diener in Fürstenhäusern ein Prestigeobjekt. Prachtvoll gekleidete Mohrendiener gehören seitdem zu unserem Bild vom Orient. Die Werbung spielt auch heute noch gerne auf den märchenhaften Luxus an, den wir mit diesen Mohren verbinden. So können wir uns für einen Tausender die Träume aus 1001 Nacht ins Haus holen.

Und wer sich einen Mohrendiener selbst zu dem Preis nicht leisten kann, der baut sich halt selber einen nach.

Der Ursprung solcher „stummen Diener" aus Holz ist unbekannt. Das Deutsche Schloß- und Beschlägemuseum in Velbert schreibt anläßlich einer Ausstellung von stummen Dienern, daß die rauchenden „Tabakmohren" früherer Zeiten die Vorläufer sein könnten. Da auf den nordamerikanischen Tabakplantagen ausschließlich schwarze Sklaven zur Arbeit eingesetzt wurden, war es naheliegend, bei dem Wort „Mohr" an Tabak zu denken und mit diesem Bild auch zu werben - z.B. mit rauchenden Mohrenfiguren in Tabakläden. „Der Weg von den Tabakläden in die Rauchsalons vornehmer Großbürger ist nicht weit - ein schickes Zubehör, auf dem die Zigarren, die Zigaretten und die Streichhölzer deponiert werden konnten." [1]

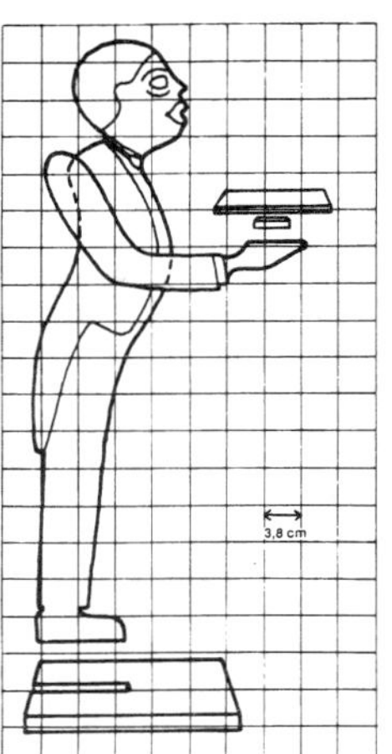

Die Figur erfuhr eine Abwandlung vom reinen Dekorations- und Werbeobjekt hin zum immer verfügbaren, nie widersprechenden - eben zum *stummen* Diener. Und so wuchs im Zuge der Emanzipation der Arbeiterschaft in Deutschland das Bild des Über-Dieners, absolut verfügbar, stets loyal. Unsere Herrschaft wird durch ihn nie in Frage gestellt. Der schwarze Diener als Traumfigur eines Kleinbürgertums, das sich echte Diener nie leisten könnte, ist entstanden. Nur noch in den Kolonien war es möglich, daß wirklich jedermann und jedefrau (weißer Hautfarbe natür-

Der Traum von Überlegenheit und Macht . . . es muß erhebend sein, an einem solchen Tisch seinen Aperitif zu nehmen. Gesehen in einem exklusiven Möbelhaus in Düsseldorf 1990.

lich) „stumme Diener" hatte – allerdings solche aus Fleisch und Blut. Diese „Boys" konnten herumkommandiert und „zivilisiert" werden. Und brachten natürlich die kühlen Getränke, den sauberen Aschenbecher, ein frisches Glas ... Oft trugen sie eine Art Livree, auf jeden Fall aber genau vorgeschriebene europäische Kleidung. Es waren fast nur Männer, die zu dieser Arbeit herangezogen wurden. Sie hatten meist in der Kolonialschule einige Sprachkenntnisse erworben, denn Befehle verstehen und „Ja Patron" oder „Oui Madame" mußten sie schon sagen können.

Viele der heutigen stummen Diener sind die genauen Abbilder solcher livrierter Boys. So hängt an diesen Figuren – neben ihrem rassistischen Aussehen – auch die Geschichte der Tabakplantagen von West-Virginia und der Salons der afrikanischen Kolonien. Doch der stumme Diener ist nicht der einzige „Neger" in unserem Wohnzimmer. Eine

Vielzahl schwarzer Gestalten bevölkert die Möbelhäuser und Schaufenster, um von dort aus in unsere Wohnungen zu gelangen. Als ich das erste Mal an einem Schaufenster vorbeiging, in dem ein lebensgroßer Schwarzer saß, traute ich meinen Augen nicht. Doch es war kein Einzelstück, mittlerweile finde ich überall diese Figuren in unterschiedlicher Größe. Es sind eigentlich keine Afrikaner, sondern sie gehören eher zum Typ „Schwarzer aus den Südstaaten". Sorglos baumeln sie mit den Beinen, sympathische „Sunny Boys", die an die lockeren schwarzen Entertainer der zwanziger Jahre erinnern. Hatte der stumme Diener noch eine eindeutige Funktion – er trägt oder hält etwas für mich und erinnert mich dabei noch an die guten alten Zeiten, als ein Weißer noch etwas war ... so machen mich die Mengen von kleinen schwarzen „Sunny Boys" mit Tennisschuhen ratlos. Welche Funktion erfüllen sie für uns? Vielleicht symbolisieren sie das, was vielen heute fehlt: Zeit zu haben, einfach dazusitzen und mit den Beinen zu baumeln ... Nur, der schwarze „Sunny Boy" aus den Südstaaten – er wäre für diesen Müßiggang hart bestraft worden. Aber der Süd-

staatenneger wird von uns nicht mehr zum Arbeiten gekauft – dafür gibt es Küchenmaschinen und Staubsauger – doch vielleicht müssen wir uns das Gefühl, nicht allein zu sein, ein wenig nette Gesellschaft zu haben und Ungezwungenheit für unsere durchgestilten Wohnungen kaufen. Und uns während des gehetzten Einkaufs mitten im Konsumrausch ein Abbild von Muße und Sorglosigkeit vor Augen führen.

WAS IST SO SÜSS AM NEGERKUSS?

Kein Kinderfest ohne Negerkuß-Schleuder, die Fortunabrötchen gäbe es ohne ihn auch nicht und wer könnte schon widerstehen angesichts einer gefüllten Schachtel Negerküssen ... Wieso eigentlich *Negerkuß?* „So heißt er eben“ oder „der hieß schon immer so“ ist schließlich keine Antwort. Begeben wir uns doch gemeinsam auf die Spurensuche.

Erster Schritt: Was fällt *Ihnen* denn ein zum Negerkuß?? Eine Frau erzählte zum Beispiel: „Ich war noch ein Kind, als mir durch ein Erlebnis klar wurde, daß irgendetwas mit dem *Negerkuß* nicht stimmte: Ich ging wieder einmal in den Bäckerladen um mir einen Negerkuß zu kaufen. Da bekam ich zur Antwort: ‚*Der ist heute ausgegangen*'. Ich stutzte, wurde rot und merkte, worauf die Bezeichnung Negerkuß anspielte."

Eine andere berichtete: „Ich war schon erwachsen, als ich im Geschäft Negerküsse sah und Lust darauf bekam. Kaum hatte ich das Wort ausgesprochen, da merkte ich, daß neben mir eine schwarze Frau stand, die mich anschaute. Ich wäre vor Scham fast im Boden versunken."

Erscheinen Ihnen diese Geschichten zu weit hergeholt? „Wer

Gronauer Nachrichten

Donnerstag, 6. September 1990

„WILL HIER JEMAND EINEN NEGERKUSS ?"

Auch solche Assoziationen gibt es dazu!

„Lieferung falsch"
Anheftzettel für Fehllieferungen in einem Betrieb in Düsseldorf, 1989.

denkt sich denn schon etwas dabei?", bekomme ich jedenfalls in Diskussionen um Negerkuß und Mohrenkopf häufig zu hören. Gut - dann machen wir es eben wissenschaftlich:

Zweiter Schritt: Woher stammt der Name „Negerkuß" oder „Mohrenkopf" für diese Süßigkeit - innen weißer Schaum, außen Schokolade und seit wann gibt es ihn überhaupt?

Die Spurensuche gestaltet sich schwieriger als ich erwartete: das Lexikon schweigt zum Begriff Negerkuß, dafür finde ich bei Mohrenkopf die lapidare Erklärung: „Gebäck aus Biskuitteig, das mit Schokolade überzogen und mit Sahne oder Creme gefüllt ist." [1] Fachbücher für Konditoren enthalten Rezepte für „Mohrenkopfmasse" (Othellomasse, Indianermasse) und ich erfahre in Gesprächen, daß der Ausdruck „Othellomasse" ganz geläufig ist. Sie besteht aus: 24 Eiweiß, 16 Eigelb, 300 g Zucker, 200 g Mehl, 200 g Puder, 75-100 g Wasser, Zitrone. Und im Fachbuch lerne ich auch, daß „zum Dressieren (aufspritzen) sich am besten ein großer, gummierter Spritzbeutel, sog. ‚Mohrenkopfbeutel' mit weiter Lochtülle eignet ..." [2] Rezepte zur Othellomasse und Anleitungen zur Herstellung der Mohrenköpfe finde ich also leicht, doch über die Bedeutung dieser Worte oder über die Negerküsse lese ich nichts. Also heißt es: Fachleute fragen!

Im „Deutschen Zuckermuseum" in Berlin erfahre ich zwar nichts über Negerkuß und Mohrenkopf aber dafür weiß ich jetzt, warum ein „Amerikaner" so genannt wird. Professor Albrecht, der Leiter des Zuckermuseums, erzählte mir folgende hübsche Geschichte: Als er noch zu Schule ging - das war in Schlesien, so um 1930 bis 1935 - durfte er sich manchmal für fünf Pfennige einen „Amerikaner" kaufen, wenn die Mutter kein Schulbrot für ihn hatte. Das war ein flacher, runder Kuchen aus einfachem Rührteig, der unten eine süße Glasur hatte. Die war immer halb schwarz-halb weiß oder halb rot-halb weiß. Deshalb hießen sie *Amerikaner* - in Anspielung auf das Rassengemisch in den USA! Das, was wir heute oft Amerikaner nennen (Kuchen nur mit weißer Glasur) ist eigentlich gar kein richtiger!!

Die Suche nach dem Ursprung des Negerkusses macht immer mehr Spaß und ich frage mich weiter durch: Die deutsche Fachschule für Süßwaren in Solingen kann mir aber genausowenig weiterhelfen wie der Bundesverband der deutschen Süßwarenindustrie in Bonn. Einig sind sich meine Gesprächspartner aber darin, daß es „das vollmundige Gefühl beim Hereinbeißen ist, das an einen Kuß mit einem Neger erinnern soll ..." Ob sie es wohl je probiert haben ...?

Schokoladenküsse
Inhalt: 12 Stück
Zutaten:
Glukosesirup, Schokolade mit Emulgator Lezithin, Zucker, Invertzuckersirup, Traubenzucker, Milchzucker, Stabilisator, Hühnereiweiß, Waffel, Geliermittel, naturidentische Aromastoffe.

Chocolate coated marshmallows
Ingredients:
glucose syrup, chocolate with emulsifier lecithin, sugar, invert sugar syn p; 'extrose, lactose, stab 'lizer sorbitol, egg white, wafer, gelling agent agar, flavourings.

Têtes de nègre
Ingrédients:
sirop de glucose, chocolat avec émulsifiant lécithine, sucre, sirop de sucre inverti, dextrose, lactose, blanc d'œuf, gaufrette, arômes artificiels. Gélifiant: agar-agar. Stabilisant: sorbitol.

Negerzoenen
Ingrediënten:
glucosestroop, chocolade met emulgator lecithine, suiker, invertsuikerstroop, dextrose, melksuiker, stabilisator sorbitol, eiwit, wafel, geleermiddel agar, geur- en smaakstoffen/ natuuridentieke aroma's.

Negerboller
Ingredienser:
glucosesirup, mørk chokolade-overtræk med emulgator lecithin, sukker, invertsukker-sirup, druesukker, mælkesukker, stabilisator sorbitol, æggehvide, vaffel, geleringsmiddel agar, aromastoffer.

Teste de moro
Ingredienti:
sciroppo di clucosio, cioccolato (ingredienti: zucchero, pasta di cacao, burro di cacao, aroma artificiale vanillina, emulsionante lecitinel, zucchero, sciroppo di zucchero invertito destrosio, lattosio, stabilizzante sorbitolo, bianco d'uovo, wafer, gelificante agar, aromi artificiali.

Made in Germany
Fabriqué en Allemagne
Fremstyllet i Tyskland
Fabbricato in Germania

net wt. poids net peso netto 300 g

Die für den Export vorgeschriebenen Inhaltsbezeichnungen einer „Riesen-Dickmanns"-Schachtel geben Auskunft darüber, wie andere Länder es mit der so heiklen Bezeichnung halten. Englische Freunde erklärten dazu, daß es in England ein Anti-Rassismus-Gesetz gäbe, das eine wörtliche Übersetzung von „Negerkuß" unmöglich mache. Rassistische Begriffe sind damit wirklich aus der offiziellen Sprache verschwunden. In einigen Gegenden sagt man „angels-kiss" (Engelskuss), aber die korrekte Bezeichnung ist tatsächlich „Chocolate coated marshmallows."

Von den Negerkuß-Herstellern, die ich angeschrieben habe, erhalte ich nur eine Antwort. Die Firma Wolf teilt mir freundlicherweise mit:

„Die Bezeichnung ‚Negerküsse' für das Produkt gibt es seit ca. 30 bis 35 Jahren. Vorher wurde das Produkt nur in Bäckereien und Konditoreien gefertigt und unter der Bezeichnung ‚Mohrenkopf' verkauft. Mit Beginn der industriellen Fertigung wurde es mit ‚Negerkuß' bezeichnet. Wir selbst stellen ‚Negerküsse' oder ‚Mohrenköpfe' seit 1969 her, wobei wir die Bezeichnung Topkuß und Mohrenkuß benutzen."

Die Zeitangabe kann aber so nicht stimmen, denn meine Mutter kennt Negerküsse noch aus der Kindheit – sie waren für fünf Pfennige in der Bäckerei zu kaufen. Und schmeckten vor ca. 65 Jahren genauso gut wie heute.

Nun stehen wir wieder am Anfang der Suche. Wenn es wirklich so ist, daß ein pfiffiger Konditor dieses Gebäck erfunden hat und der Volksmund dann daraus einen Negerkuß gemacht hat, ja dann müssen wir halt fragen:

Dritter Schritt: Was denkt der „Volksmund" sich beim Negerkuß? In einem Seminar über Rassismus im Alltag überlegen wir gemeinsam. Uns fällt zum Negerkuß ein: Hier werden Süße und Sexualität miteinander verknüpft, eine verheißungsvolle Ankündigung, die sehr werbewirksam ist. (es gibt ja auch die „Ferrero-Küßchen" ...)

Wie sieht ein Kind aus, wenn es genüßlich einen Negerkuß verzehrt hat?! Braun verschmiert um den Mund – eben genauso, als ob es einen Neger geküßt hätte, denn die färben ja ab, wie uns immer erzählt wird. Oder etwa nicht? Na, auf jeden Fall färbt die Liebe zu einem Afrikaner kräftig ab – gucken Sie sich doch mal die so entstandenen Kinder an ... Zu böse gedacht? an den Haaren herbeigezogen ...? Die Frau, die diese Assoziation erzählte, ist mit einem Afrikaner verheiratet und kennt die entsprechenden Kommentare dazu zur Genüge.

Hat Ihnen das alles den Appetit verdorben? Stehen Sie wie die Teilnehmerin an der Anti-Rassismus-Woche vor dem Kuchenbuffet und sagen spontan: „Ach dann möchte ich noch einen ... äh ... ja ..." *Schoko-Kuß* heißt das erlösende Wort! Die meisten Hersteller haben's schon begriffen – naheliegend, treffend, lecker und ganz einfach zu lernen! Probieren Sie es doch einfach mal aus ... „Ich hätte gerne einen Schokokuß.“

Und genießen Sie unbeschwert von rassistischen Tönen die klebrige Süße und hängen dabei den alten Kinderträumen nach.

P.S. Und falls *Sie* je herausfinden, warum es denn Negerkuß heißt, so lassen Sie es mich wissen. Ich bin nämlich inzwischen wirklich neugierig geworden!

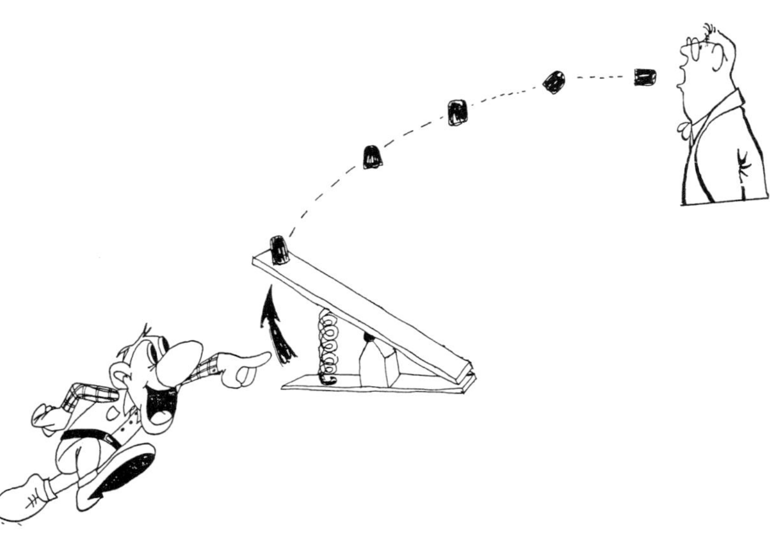

Einladung zur Schoko-Kuss-Party!
Predigten gegen den „Negerkuß“ helfen wenig und echte „Mohrenkopf“-Fans sind am ehesten auf einer „Schoko-Kuss“-Party zu bekehren. Ob beim Pfarrfest, dem Sommerfest der Schule oder einer Kinderparty – die selbstgebaute Schoko-Kuss-Schleuder ist ein Clou! Nachdem alle einen Nachmittag lang nur von „Schokoküssen“ geredet haben, geht das Wort auch ganz leicht über die Lippen. Und der Genuß ist nicht durch Moralpredigten verdorben.

CAMEROUN
IRIS

MUSIK LIEGT IHNEN IM BLUT

Von schwarzen Musikern und unseren Träumen

In dieser Rolle sehen wir Schwarze gerne – das Bild eines schwarzen Musik-Clowns (Glanzbild aus England)

Schwarze und Musik, das gehört einfach zusammen: Den Rhythmus ,,im Blut haben", trommeln und tanzen - das ist es, was wir an Afrikanern und Afroamerikanern bewundern. Mehr noch als bei der Kunst ist es bei der Musik klar - von Jazz und Blues über Afro-Beat, Makossa und Juju bis hin zu Hip Hop, Black Rock und RAP - die Einflüsse der ,,schwarzen Kultur" sind einfach prägend. Also endlich einmal ein Bereich, der frei von Rassismus ist, in dem ,,multikulturell" nicht nur eine hohle Phrase bleibt? Man muß schon genauer hinsehen, um diese Frage zu beantworten. Und man kann nicht moderne schwarze Popstars und afrikanische Trommelworkshops in einen Topf werfen.

,,Negertänze" werden salonfähig

In dem Buch ,,Wie die Wilden" beschreiben Eichstedt und Polster den Weg von Tänzen und Musik der Schwarzen aus den Sklavensiedlungen hin zu den Salons der zwanziger Jahre [1]. Sie berichten darüber, daß die ,,wilden Tänze" unseres Jahrhunderts aus den USA kamen, wo eine weiße Gesellschaft in den Südstaaten in Sichtweite der schwarzen Kultur lebte. Den schwarzen Sklaven war es auf vielen Plantagen erlaubt, am Feierabend zu singen und zu tanzen, denn die Besitzer hatten ein Interesse daran, ihre Arbeitskräfte bei Laune zu halten. Doch selbst das geschah nicht ohne Reglementierung: Trommeln war verboten, weil man zu Recht befürchtete, daß durch Klopfzeichen aufrührerische Botschaften in Umlauf gebracht werden konnten. Und allzu unanständig durfte es auch nicht zugehen - die weißen protestantischen Siedler empfanden das Sinnliche der ,,Niggertänze" als zu anstößig. Trotz dieser Einschränkungen überlebte im Tanz afrikanische Kultur, Rhythmus und Riten. Da die Trommeln verboten waren, wurde der Körper als Rhythmusinstrument benutzt. Klopftechniken, Schenkelklatschen und Taktstampfen als Elemente verschiedener traditionell afrikanischer Tänze wurden mit der Zeit zu neuen Tanzstilen ausgebaut. Hieraus ist dann später der Steptanz entstanden - die Kunst, mit den Füßen im Tanz den Rhythmus zu ,,trommeln".

So trugen Unterdrückung und die scharfe Rassentrennung der Sklavenhaltergesellschaft in den USA indirekt zur Entwicklung einer eigenständigen schwarzamerikanischen Tanzkultur bei.

Aus diesem Milieu der Südstaaten stammt auch der *Cake-Walk* – ein Modetanz der europäischen Salons in den Zwanzigern. Mit Lust an der Nachahmung und der Parodie gestalteten die Sklaven die Polonaisen, Märsche und Paraden ihrer weißen Herrschaften um, die mit ihrem Pomp und den steifen Bewegungen zu komisch auf die schwarzen Zaungäste gewirkt haben mußten. Glücklicherweise bemerkten die so porträtierten Weißen den beißenden Spott der Sklaven nicht, sie amüsierten sich darüber und setzten sogar Preise aus, um ihre gelenkigen „darkies" zu Höchstleistungen anzustacheln. Wer die Beine am höchsten warf, bekam einen Kuchen – daher der Name Cake-Walk!

Aus der ursprünglich spielerischen Parodie entstand mit der Zeit ein fast sportlicher Wettstreit, der erste ausgeschriebene Cake-Walk-Wettbewerb fand 1876 in Philadelphia statt.

Die Cake-Walker entsprachen dem Bild des biegsamen, aber ungeschliffenen Negers, der zu einer fröhlichen, jedoch einfältigen Rasse gehörte. Mit diesem Schwarz-Weiß-Muster konnten weiße amerikanische Spaßmacher Lacherfolge erzielen, als schwarze Entertainer auf der Bühne noch undenkbar waren. Die Weißen traten als „negro boy" mit rußgeschwärztem Gesicht und dick bemalten Lippen auf und machten sich auf Kosten der angeblich so einfältigen, fröhlichen Schwarzen lustig.

Erst nach der Sklavenbefreiung traten auch dunkelhäutige Künstler vor ein weißes Publikum. Doch der Erfolg blieb aus – sie waren gegenüber den angemalten „negro boys" zu normal. So blieb diesen schwarzen „Negro-Minstrels" nichts anderes übrig, als sich ebenfalls anzumalen. Sie mußten als Schwarze die bewährte Nigger-Maske auftragen: neben übertriebener Schwärzung der Haut gehörte dazu noch die weiße Umrandung des Mundes, die die dicken Lippen hervorhob. (Das waren übrigens die Vorbilder unseres „Dummen August" im Zirkus . . .)

Die Schwarzen mußten die Maske des Niggers tragen, mußten so die Klischees der Weißen verkörpern: Den Neger als Gegenbild zum

Schwarze in Niggermaske, 1878

Weißen, als fremdartigen, triebbestimmten Menschen darstellen. Nicht zuletzt diese Funktion erfüllten die Minstrelshows, in denen auch der Cake-Walk aufgeführt wurde.

Die Gefühle des Minstrel Man, der Erfolg hat, indem er „den Nigger macht" wurde von dem schwarzamerikanischen Dichter Langston Hughes in einem Gedicht beschrieben:

Minstrel Man
Because my mouth
Is wide with laughter
And my throat
Is deep with song,
You do not think
I suffer after
I have held my pain
So long?

Because my mouth
is wide with laughter
You do not hear
My inner cry?
Because my feet
Are gay with dancing
You do not know
I die? [2]

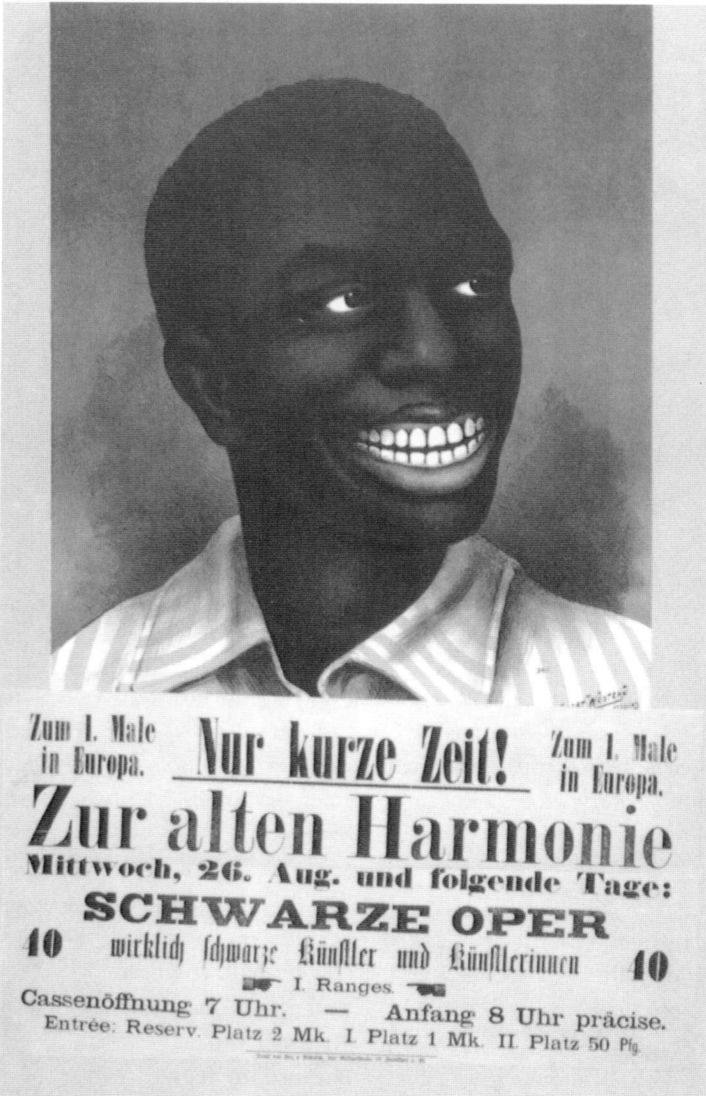

Plakat für ein „African-American Character Concert“, aufgeführt in Frankfurt am Main 1891. Nachdruck auf einer Postkarte des Historischen Museums, Frankfurt a.M.

Doch wen interessierten die Gefühle der Schwarzen schon, ihre Lebensbedingungen, ihre Träume? Das Geschäft mit der schwarzen Unterhaltungskunst lief auf Hochtouren und befand sich fest in der Hand des weißen Managements. Bald wurden die ersten Cakewalk-Truppen nach Europa geschickt und begeisterten das Berlin der Jahrhundertwende. Zum Cakewalk gehörte die Musik des Ragtime. Tänze und Musik der ehemaligen Sklaven eroberten Europa und wurden über die gerade erfundene Schallplatte bis in die letzte Ecke verbreitet, der Einstieg der Schwarzen ins Showgeschäft war gelungen.

Die bekannten schwarzen Entertainer mit „Kreissäge" und den „Gummibeinen" beim Steptanz in den Zwanzigern oder Vierzigern lassen kaum noch die Wurzeln, nämlich die Tänze und Musik der Sklavenzeit erahnen. Genau wie der Sport (und da besonders das Boxen) war das Showgeschäft damals eine der wenigen Chancen für Schwarze, den Slums zu entkommen. Sie bekamen dort eine Chance allerdings nur, wenn sie den ihnen zugewiesenen Platz und die vorgeschriebene Rolle nicht verließen. Ob melancholischer Blues oder wilder Jazz-Rhythmus, Themen wie Rassendiskriminierung und Rassen-

Ja, so sind sie in ihrer „Negermaske" – Postkarte „No Jitterbuggin" von Christoph Abbrederis.

Nehmen Schwarze einmal „richtige" Musikinstrumente in die Hand, so kann das nur komisch werden. - „Ein Concert" wie es auf den früher so beliebten Lieblings-Sammelbildern dargestellt wurde.

haß waren tabu. Die Bewunderung der Weißen für die großen Musiker und Sängerinnen wie Ella Fitzgerald hatte nicht den geringsten Einfluß auf die Verachtung der Schwarzen an sich oder auf die Politik der Rassentrennung und -diskriminierung in den USA. Und zur gleichen Zeit, als in Berlin Cake-walk und Ragtime begeisterten, wurde die Stationierung der schwarzen französischen Truppen im Ruhrgebiet als „schwarze Schande" verurteilt. (Siehe Kap. „Wilder Mann und nackte Frau.")

Die Musik der Schwarzen aus den USA galt bei den Nazis als „entartet" - das Hören von Jazz oder Blues war bei Strafen verboten, da es das gesunde Volksempfinden schädigte . . . Deutsche Volkslieder, Marschmusik und Schnulzen waren da nicht so gefährlich.

Schwarze Idole heute

So wie in den Anfängen der „Negermusik“ sind Hip Hop oder RAP und Soul noch immer eine Möglichkeit, in den USA aus den Slums herauszukommen und als Schwarzer auf der Bühne gefeiert zu werden. Nur heute sind schwarze Songs oft voller klarer Stellungnahme gegen Rassismus. „Nirgendwo anders ist das Nebeneinander von Rassendiskriminierung und Toleranz so extrem wie in New York City.“ heißt es in einem Artikel zur (schwarzen) Gruppe „Living Colour“. „Und energisch wie die Songs sind auch die Texte der Gruppe. Keine Atempause einlegen, ist die vorrangigste Botschaft. Laß dich nicht unterkriegen. Der Kampf um eine bessere Welt ist es wert, aufgenommen zu werden.“ [3] Für Jugendliche bei uns, die einen Draht zu dieser Musik haben (auch wenn es ihnen kaum gelingt, die Texte im amerikanischen Slang zu verstehen) ist klar, daß das „andere Schwarze“ sind diejenigen der Spendenwerbung und Krisenberichterstattung. Das sind dann die Afrikaner und die . . . Gibt es also zwei unterschiedliche Schwarzen-Bilder?

„Wenn es darauf ankommt, bist du schwarz!“ halten uns die Betroffenen entgegen. (Siehe dazu auch das Kapitel: „Ich bin doch nicht dein Neger.“). Sie lehnen ein Ausdifferenzieren, eine Hierarchie der Abstufungen ab. Denn es ist immer klar, wer dabei an der Spitze steht – der Weiße als das Maß aller Dinge!

> Aus dem Magazin „Szene Hamburg“: „Konzerte mit Kool & The Gang sind immer ein Erlebnis: ein Haufen Schwarzer, die tanzend und geil in brustfreien Glitzerhemden und knackigen Lederhosen ihrem Beruf als Neger nachgehen.“

Aus „Hohlspiegel“, Der Spiegel 48/1984

I don‘t wanna be called yo niga

Yo! ho! . . . yo niga! yo niga! no niga!
Check it out
How can you say to me yo my niga
Cursin‘ up a storm with your finger on a trigger
Feelin‘ all the girls like a big gold digger
Take a small problem
Make a small problem bigger
Yo I ain‘t poor I got dough
Don‘t consider me your brother no more
Goddamn kilogram, how do you figure
I don‘t want to be called yo niga
Yo niga - Hey - Yo niga
I try to make my statments
Stick like flypaper
Judge says to me yo niga sign these goddamn papers
My boss told me yo niga you‘re fired
Then my body told my yo iga you‘re tired
Yo niga this, yo niga that
I know you‘re a niga now ‘cause your head got fat
Flava framalana boy you won‘t figure
I don‘t wanna be called yo niga
Yo niga
Break ist down
N.I.G.G.E.R.
Niga . . .
Everybody sayin‘ it
Everybody playin‘ it rolling on the scales
‘Cause everybody‘s weighin‘ it
Toby say yo I be good niga
Let me get a shovel make a good digger
I don‘t care how small or bigger
I don‘t want to be called yo niga
Yo niga . . .

deutsche Übersetzung:
„He! Du! Nigger komm her, Nigger hau ab!“
Paß auf
Wieso nennst Du mich „he, mein Nigger“
Ziehst Deine Schau ab mit dem Finger am Abzug
Benimmst Dich als ob alle Mädchen Dein Goldschatz wären
Machst aus nichts
Einen Riesenzirkus
Ich bin auf Dein Scheiß Geld nicht angewiesen
Vergiß es. Ich bin nicht Dein Bruder
Fettsack, wie Du nur aussiehst
Ich hab's satt von Dir Nigger genannt zu werden
He Nigger, komm her - He Nigger, hau ab
Was ich Dir zu sagen habe, sitzt
Wie Fliegen auf dem Leim, klar?
Unterschreib den Scheiß Wisch, sagt der Richter
Verpiß Dich, schreit mir mein Chef nach
Komm her, Nigger - Hau ab, Nigger
Ich brauch mir bloß Deinen fetten Schädel anzusehen
Dann weiß ich was Du bist - eh? Ein Nigger
Aber Du schmieriger parfümierter Knabe
Du wirst es nicht begreifen
Daß ich nicht länger Dein Nigger bin
Soll ich's Dir vorbuchstabieren?
N.I.G.G.E.R.
Nigger
Jeder macht mit
Jeder hat Spaß an seiner eigenen Betonung
Selbst für Toby bin ich der gute Nigger
Jetzt hol' ich mir meine eigene Schaufel
Egal was dabei herauskommt
Aber ich hab' genug dein Nigger zu sein.

Lied der Gruppe „Public Enemy“
Compact disc AAD 47347 APOCALYPSE 91 . . . the enemy strikes black.

In Afrika wird nicht nur getrommelt!

So typisch wie der schwarze Entertainer oder die gefühlvolle Bluessängerin für unser Klischee der schwarzen Musik aus den USA ist, so automatisch kommt bei Afrika die Verbindung zu Trommeln. Ob es die Darstellungen von Afrikanern in den Kinderzimmern sind oder die Angebote von Alternativwerkstätten - Trommeln gehört dazu! Nun, warum auch nicht, vielen streßgeplagten Zeitgenossen tut es gut, sich von ghanaischen oder beniner Meistertrommeln in die Kunst einführen zu lassen und so ganz nebenbei eine Menge über afrikanische Kultur und das Alltagsleben zu erfahren. Und das Bild des trommelnden Afrikaners ist für Kinder sicher positiver und realitätsnäher als das der Kannibalen und wilden Männer. Doch zu der eigentlich sehr positiven Erfahrung, daß viele Afrikaner gut trommeln können gibt es eine Kehrseite: Eine afrodeutsche Frau beschreibt das im Gespräch so:

„Vorurteile? Ja, was sind Vorurteile? Selten waren sie offen und direkt, dafür subtil und sogar vermeintlich freundlich. Ich höre gern Musik, und es fällt mir oft schwer, zuzuhören und dabei ruhig sitzen zu bleiben. Äußere ich mich, daß ich gerne tanzen möchte, heißt es gleich: ‚Dir liegt doch die Musik im Blut, du mußt doch tanzen können.‘ Natürlich muß ich auch singen können, denn alle ‚Negerinnen‘

singen doch phantastisch, besonders Gospels und Spirituals. Man denke nur an Ella und Mahalia! Und sie können nicht nur singen, sondern können sich auch - trotz Körpermasse - rhythmisch bewegen." [4]

In unserer Sehnsucht, aus den festen Zwängen des Lebens auszubrechen, machen wir leicht den „Anderen", den „Afrikaner" zu einem Traumbild. Der edle Wilde unserer Zeit ist gefühlvoll und körperbewußt, frei von Zwängen und intellektuellem Ballast. Und trommeln und tanzen kann er, daß man ganz neidisch beim Zuschauen wird! „Wir wollen wir selbst sein, so wie wir uns definieren. Wir sind kein Fragment eurer Fantasie oder eurer Wünsche. Wir sind nicht das Salz in der Suppe eurer Sehnsucht" [5], müssen wir uns da von den Betroffenen dieses „wohlmeinenden Rassismus" sagen lassen.

Und wie ist es mit unseren entsprechenden Erwartungen an afrikanische Sänger und Musiker? Der international bekannte kameruner Musiker Francis Bebey nimmt dazu in einem Interview Stellung:

Ein Gag aus dem Jahre 1991 - schwarze Sänger aus Gips. Sollen sie vielleicht die Beethoven-Büste auf dem Klavier ablösen?

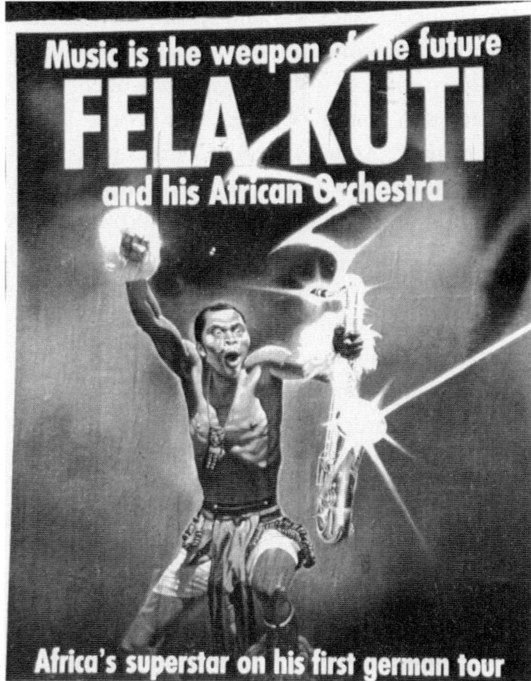

„Der Nigerianische Musiker Fela Anikulapo-Kuti ist international bekannt. Sein Afro-Beat, eine Fusion von Jazz-Soul und traditionellen afrikanischen Rhythmen mit Liedern in Pidgin, besitzt bis heute eine kritische Funktion. Fela prangert die neokolonialen Verhältnisse in seinem Land an, nicht nur im wirtschaftlichen, sondern besonders auf dem ideologischen und kulturellen Gebiet. Er nimmt die ‚koloniale Mentalität' seiner Mitbürger aufs Korn, attakierte die Militärherrschaft seines Landes (was zu brutalen Überfällen auf ihn führte) und bringt uns in seinen Texten direkt zu den zentralen Problemen des heutigen Afrika." [6]

So steht es in einer Charakterisierung dieses Musikers. Das alles wird aber niemand ahnen, der das Plakat seiner Deutschland-Tournee sieht. Vermarktet wird hier der „wilde schwarze Mann" – ein Bild, das bei allen hängen bleibt, die sich mit ihm und seiner Musik nicht auseinandergesetzt haben und die das Konzert nicht besuchen. Und das ist schließlich die Mehrzahl der Vorübergehenden.

„Europäer neigen oft dazu, einige bestimmte Aspekte afrikanischer Kunst herauszulösen, um sie zu grundsätzlichen Kriterien afrikanischer Kultur überhaupt zu erheben und festzustellen, dieses oder jenes sei ‚afrikanisch', dieses oder jenes sei ‚nicht afrikanisch' (...) Es gibt geradezu Spezialisten im Herausfinden dessen, was alles ‚nicht afrikanisch' in Afrika ist. Das ist eine Reaktion, die mich moralisch, geistig und intellektuell paralysiert. (...) Von mir, dem afrikanischen Musiker des 20. Jahrhunderts zu erwarten, daß ich einfach die vorväterliche Musik produziere, ist eine Beleidigung mir gegenüber, der Kunst gegenüber und dem Publikum gegenüber, an das ich mich wende, denn ich müßte es belügen. (...)

Ich mißtraue europäischen Musikveranstaltern, die vielleicht glauben, daß alle afrikanischen Musiker ihr Tom-Tom auf der Bühne vorzuspielen hätten. Nichts gegen Tom-Tom, ich benutze es persönlich auch, aber nur dann, wenn es mit etwas korrespondiert, was in meinem gegenwärtigen Leben existiert, und nicht, um dem Publikum zu Gefallen zu sein." [7]

Schwarze Musik - kein Thema, um in zwei Sätzen ein Fazit zu ziehen. In der Festschreibung auf eine bestimmte Art von Musik, *die wir als schwarz definieren,* liegt Rassismus, auch wenn wir diese Musik „lieben". Gleichzeitig kann in der Auseinandersetzung mit der „schwarzen" Musik und ihren Texten eine Chance zur Auseinandersetzung mit der Lebenssituation der Schwarzen in den USA und in Afrika liegen. Ob das alles aber einen Einfluß auf unser Kinderbild vom *Schwarzen Mann* hat, das ist wiederum eine andere Frage . . .

Schwarze Idole - von weißen Jugendlichen verehrt - als Gegenbild zum „Schwarzen-Mann"-Klischee? Eine Bremer Arbeitsgruppe von Schülerinnen der Klasse 10 hat sich dieses Bild vorgenommen und analysiert.

RASSISMUS „OBJEKTIV“

Zum Lernziel „Ausländer raus“ in deutschen Schulbüchern

„Nicht für die Schule, sondern für das Leben lernen wir“ stand über alten Schultoren. Und was das Leben ist, für das wir lernen, darüber streiten sich Politiker, gesellschaftliche Gruppen wie Kirchen und Gewerkschaften und natürlich LehrerInnen. Im Kaiserreich war klar, daß die Schüler etwas über „unsere Kolonien“ erfuhren, also auch über unser segensreiches Wirken in Afrika. Der Nationalsozialismus hielt es dann mehr mit „Blut und Boden“ und so verschob sich der Stoff hin zu den Menschenrassen wie z. B. der nordischen und der negroiden Rasse. Da nach 1945 viele alte Lehrer, Schulbuchmacher und Entscheidungsträger in Amt und Sold blieben, änderte sich bezüglich des Stoffes über Afrika erst einmal nichts im deutschen Schulbuch.

Überhaupt – Afrika im Schulbuch, in welchem? Es galt übereinstimmend, daß Fächer wie Mathe, Chemie, Physik, Deutsch, Latein und Sport (mit wenigen Ausnahmen) nichts mit Afrika zu tun haben. So kam dieser Kontinent dort nicht vor. Bei Fächern wie Musik, Englisch, Französisch, Kunst war es meist vom Interesse des Lehrers abhängig, ob er den exotischen Pfad nach Afrika betrat. Themen wie Westafrican Pop und Negritude waren im Rahmen der Pläne möglich, doch unüblich. In Kunst, Religion und Geschichte betrachtete man Afrika immer unter gleichen Gesichtspunkten: Da war es der Einfluß der

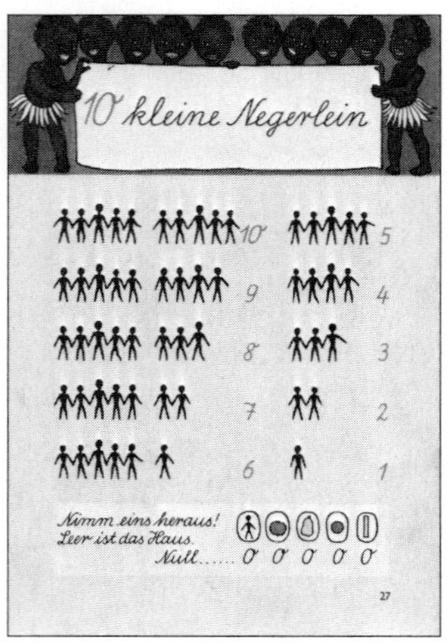

Unser Rechenbuch für NRW, Heft 1, Klett-Verlag Stuttgart.
So lernten Kinder in der Grundschule noch 1961 das Abwärts-Zählen.

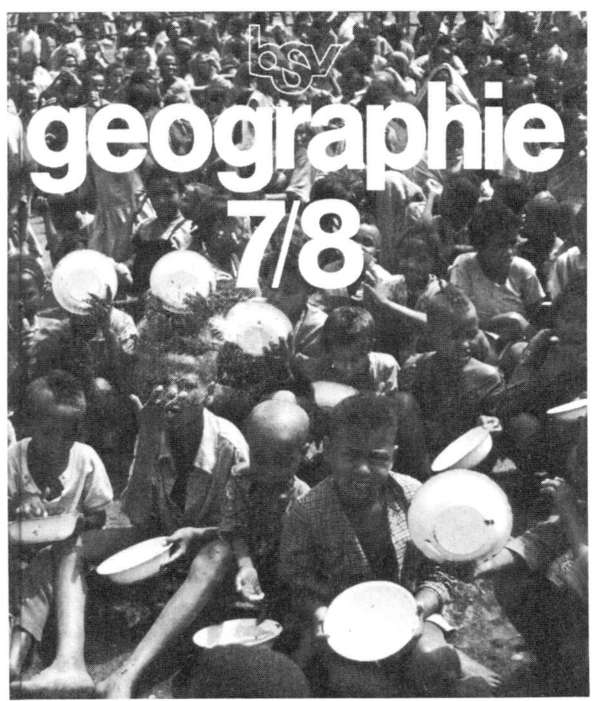

Moderne Schulbücher betrachten Afrika unter dem Gesichtspunkt der Entwicklungsproblematik. Das Umschlagsbild signalisiert: Habt erbarmen mit den Armen - oder- füllt die leeren Löffel. Der afrikanische Mensch in seiner ganzen Fülle, mit seiner Kultur, seinen Möglichkeiten und Grenzen bleibt dabei auf der Strecke.

afrikanischen Kunst z. B. auf das Schaffen von Picasso. Die eigenständige Kunst Afrikas nahm man nicht wahr. Oder es war das Wirken unserer Missionare und Hilfswerke, mehr nach dem Motto: „Habt Erbarmen mit den Armen.“ Afrikanische Religionen kamen nicht vor (außer vielleicht der Islam). Der Kontinent mußte in Geschichte dazu herhalten, Kolonialismus-, Imperialismus- und Entwicklungstheorien zu illustrieren. Afrikanische Geschichte mit ihren Völkerwanderungen, Kriegen, Königshäusern und Alltäglichkeiten war nicht gefragt. Es bleibt also der Geographieunterricht, der sich ja mit der ganzen Welt, also auch mit Afrika befassen muß.

Nimmt man Geographie-Schulbücher der Bundesrepublik in die Hand, so fällt beim ersten Blick ins Inhaltsverzeichnis auf, daß über all die Jahre hinweg Deutschland, Europa, Amerika (USA), Rußland und Japan im Vordergrund stehen (ca. 70 % der Seiten). Der Rest der Welt ist halt der Rest:

	Fläche in km²	Einwohner
Deutschland	357 000	77 718 000
Europa	10 532 000	705 000 000
USA	9 373 000	243 773 000
Sowjetunion	22 402 000	284 000 000
Japan	378 000	122 092 000
Rest der Welt	93 108 000	3 757 135 000 [1]

Beim Lesen stellt man fest, daß in den 50er, 60er Jahren die Rassenlehren der NS-Zeit noch ungebrochen in die Köpfe der heute 45-60jährigen transportiert wurde (s. S. 126). Bis dahin hatten sich die Geographen dem Konzept der beschreibenden „Länderkunden“ verschrieben, die man erst langsam ablöste durch problemorientierte Ansätze. Das hieß auch, die Darstellung von Afrika wurde „sachlicher“ und „objektiver“. Es gelang tatsächlich, ein Goldbergwerk in Südafrika detailliert zu beschreiben mit Größe, Produktionsmenge, Tiefe, Temperaturen im Bergwerk, Wasserverbrauch etc., ohne daß ein schwarzafrikanischer Arbeiter vorkam.

Bestimmte Probleme waren den Schulbuchautoren wohl zu heiß. Man hätte vielleicht Stellung beziehen müssen, vielleicht wäre dann das Buch von der Schulbuchkommission des Kultusministeriums wegen „Unausgewogenheit“ zurückgewiesen worden, vielleicht . . . Kalter Krieg und Ost-West-Spannung ließen kein offenes Klima entstehen.

In den 80er Jahren wird dann die Diskriminierung Afrikas, des Afrikaners subtiler: Der Afrikaner ist nicht dumm und faul, er ist nur unterernährt, krank und kann bei dem Klima nicht so hart arbeiten wie der Europäer. Diese Darstellungen münden dann im Bild des Krisenkontinents, in dem wir mit unseren großartigen Leistungen Entwicklungshilfe betreiben. Manchmal ändert das Bild seine Farbe durch die Selbstanklage, daß wir in allem Elend schuld seien. Von den afrikanischen Menschen, vom Alltag in Afrika erfahren wir in den Geographiebüchern nicht mehr als über ARD und Rheinische Post. Und da schließt sich der Kreis wieder einmal zu den Bildern und zur Sprache: Erzlagerstätten, Kegelhütten, Entwicklungsprobleme, Niederschlagsmengen, Hackwanderbauern, . . .

Für Afrika gibt es ein Spezialvokabular, über das Sie im Kapitel ‚Ich bin doch nicht dein Neger‘ mehr erfahren.

Der Privatdozent an der Universität Frankfurt, Gottfried Ott, hat 1989 Schulbücher unter dem Gesichtspunkt „interkulturelles Lernen“ analysiert. Er kommt zu dem Schluß, daß „die Beschäftigung mit der eigenen Kultur und die Ignoranz Fremden gegenüber den Schluß nahelegen, als sei die Parole ‚Ausländer raus‘ Leitlinie heutiger Schulbücher. Zwar würde keiner der Schulbuchautorinnen und -autoren dieser Parole zustimmen. Unübersehbar jedoch: interkulturelles Lernen findet nicht statt. Mann und Frau hat scheinbar genug mit sich selbst zu tun. Fremdheit wird nicht wahrgenommen. ...“ [2]

Dieser einseitigen Vermittlung von Informationen über Afika steht das Schulwesen in den meisten afrikanischen Staaten gegenüber, in

Schulgeographie

Halle a. S.,

Verlag der Buchhandlung des Waisenhauses.

1896.

Der jahrhundertelang dauernde Sklavenhandel und Sklavenraub für die amerikanischen Plantagen wurde endlich in unserem Jahrhundert unter Englands Vortritt vernichtet, derjenige zur Versorgung der südwest-asiatischen Sklavenmärkte wenigstens beschränkt, und so beginnt man nun die Neger d. h. die Hauptmasse der 170 Mill. Afrikaner zu nützlicher Arbeit zu erziehen, indem man ihnen das europäische Vorbild zeigt und durch Anknüpfung von Handel ihnen den Trieb nach größerem Erwerb einflößt. Allein hierdurch und durch Anlage genügender Verkehrswege von der Küste ins Innere kann die Fruchtbarkeit des tropischen Afrikas der Menschheit nutzbar werden,

F. Hirts Realienbuch.

Ferdinand Hirt

Königliche Universitäts- und Verlagsbuchhandlung

Breslau 1903.

Das Togôland, an der Sklavenküste gelegen, ist jetzt deutsches Gebiet. Es ist dreimal so groß wie Posen und hat etwa 1 Mill. Einw., durchweg Neger.

Erdkunde

Berlin und München 1916

Druck und Verlag von R. Oldenbourg

Die drittbedeutendste Kolonialmacht in Afrika (mit 2,7 Mill. qkm und 14 Mill. Einw.) **ist das Deutsche Reich;** es besitzt

1. die Kolonie **Togo,** 87 000 qkm (= etwas größer als Bayern) und 1 Mill. Einw.; Haupthandelsplatz ist Lome. Erzeugnisse: Palmöl und Palmkerne, Erdnüsse, Mais, Yams, Maniok, Baumwolle.

2. **Kamerun,** fast 800 000 qkm (= der $1\frac{1}{2}$fachen Größe des Deutschen Reiches), 4 Mill. Einw., mit Duala an der Kamerunbucht. Erzeugnisse: Palmöl und Palmkerne, Kakao, Kautschuk, Elfenbein.

1896: Kaum haben wir ihn wahrgenommen, da erziehen wir ihn schon.
1903: Unser Besitz wird abgesteckt und ins Grundbuch eingetragen.
1916: Wir sind wieder wer und stolz wird es zur Schau gestellt.

E. von Seydlitzsche Erdkunde für höhere Schulen

Ferdinand Hirt in Breslau, Königsplatz 1

1942

Ein gutes Verhältnis von Schwarz und Weiß in Afrika kann nur erhalten bleiben, wenn der Eingeborene seiner bisherigen Lebensanschauung, seiner Lebensweise und seinen Bräuchen nicht entfremdet wird. Der europäisierte Neger ist ein Zerrbild seiner Rasse und unbrauchbar zur Arbeit, er wird anmaßend und neigt zu Gewalttätigkeiten und zum Aufruhr.

Hier sieht nun der jüdische Weltfeind eine willkommene Gelegenheit, einen Weltbrand in Afrika zu entfachen durch Aufwiegelung der schwarzen Völker gegen ihre weißen Herren.

SEYDLITZ

FERDINAND HIRT IN KIEL –
HERMANN SCHROEDEL VERLAG IN HANNOVER
1960

Rassen und Kulturen

Kulturgeographisch ist Afrika Lebensbereich zweier großer *Rassengruppen.* Im Norden wohnen seit alter Zeit *hellhäutige Menschen* (Hamiten, Araber, Berber), die der mediterranen oder der orientalischen Rasse angehören. *Negerafrika* beginnt erst südlich der Sahara. Die kulturell höherstehenden Menschen des Nordens sind im Laufe der Zeit, dem Niltal folgend, nach Äthiopien und weit nach Ostafrika hinein vorgedrungen. Dazu gehören die Galla, Somali und Massai.

Durch die Einbeziehung Afrikas in die Weltwirtschaft kamen Millionen von Negern erstmals mit der Geldwirtschaft und der Technik der Europäer in Berührung. Es prallten uraltes Stammes- und Familiendenken, Tauschwirtschaft und Geisterglaube zusammen mit europäischem Nationalismus, liberalistischer Wirtschaft und christlichem Glauben verschiedener Konfession. Die Kluft zwischen den beiden Kulturwelten war viel breiter und tiefer als die zwischen den Europäern und den Süd- und Ostasiaten. Denn dort traf der europäische Einfluß auf festgefügte Lebensformen und staatliche Einheiten von Hochkulturvölkern, hier aber auf ein wirres Mosaik von Stämmen und Sippen.

1942: Rechtfertigung, Antisemitismus und unsere Höherwertigkeit lernte nicht nur der Hitlerjunge, sondern alle SchülerInnen.
1960: Rasse und Kultur sind hier fest miteinander verbunden. Das Reichs-Rasse-Hauptamt der Nazis hätte es nicht besser formulieren können.

TERRA GEOGRAPHIE

500 Millionen Menschen hungern

Woran erkennt man Entwicklungsländer?

Im Teufelskreis der Armut 1: Bevölkerungsvermehrung

Im Teufelskreis der Armut 2: Viele Kranke — zuwenig Ärzte

Im Teufelskreis der Armut 3: Schlechte Ausbildung

Im Teufelskreis der Armut 4: Arbeitslosigkeit

Im Teufelskreis der Armut 5: Ungerechte Besitzverteilung

Der Teufelskreis der Armut hat viele Glieder

Was wissen wir schon von Hunger und Armut! Es gibt ganze Länder, in denen die Menschen hungrig und arm sind und die doch keine Bettler sein wollen: die Entwicklungsländer. Die Menschen dort sind hungrig, weil sie arm sind. Sie sind arm, weil sie arbeitslos sind. Sie sind arbeitslos, weil sie schlecht ausgebildet sind ... Es ist ein teuflischer Kreis, in dem sie sich befinden. Gibt es keinen Ausweg? Man muß die Ursachen der Unterentwicklung kennen, wenn man den Entwicklungsländern sinnvoll helfen und beistehen will.

1980/88: Heißt „Problemorientierter Unterricht“ eigentlich, daß der Schüler lernt, daß es in Afrika nur Probleme gibt?

Multiplizieren - Tauschaufgaben

Peter: Ich sehe 4 Reihen.
In jeder Reihe sind 5 Mohrenköpfe.
4 × 5 = 20
Es sind 20 Mohrenköpfe.

Heike: Nein, ich sehe 5 Reihen.
In jeder Reihe sind 4 Mohrenköpfe.
5 × 4 = 20
Wirklich, es sind 20 Mohrenköpfe.

*Denken und Rechnen 2 NRW, Westermann-Verlag 1989/91.
So hilft der Rechenunterricht auch 1991 noch, rassistische Begriffe in die Köpfe unserer Kinder zu transportieren.*

dem afrikanische Schüler die europäische Geschichte in allen Einzelheiten lernen müssen. Das haben die alten Kolonialmächte eingeführt und mangels einer eigenen, teuren Schulbuchindustrie in Afrika ist das oft auch heute noch so. Mittlerweile wehren sich viele Afrikaner gegen diese Demütigung und der Schriftsteller und Künstler El Loko aus Togo nimmt diese Tatsache auf und gibt sie als Anfrage an uns zurück:

Gelernt habe ich auch dass du
Der größte Krieger aller Zeiten bist
Gelernt habe ich auch dass du
Der Erfinder der Lokomotive bis
Gelernt habe ich auch dass du
Der Erfinder des Schiesspulvers bis
Gelernt habe ich auch dass du
Der Erfinder des Dampfers bist
Gelernt habe ich auch dass du
Der Erfinder der Poesie bist
Gelernt habe ich auch dass du
Der grösste Musiker dieser Erde bist
Gelernt habe ich auch dass du
Der Intelligenteste auf Erden bist
Gelernt habe ich auch dass du
Den Thron zwischen Gott und mir besitzt
Gelernt habe ich auch dass du
Der Eroberer aller Meere bist
Gelernt habe ich auch dass du
Der Entdecker der Erdkugel bis . . .

All dies weiss ich von dir

Und jetzt frage ich dich
Was hast du gelernt
Als du den Boden Afrikas betratest
Wie und von wem
Wurde Afrika entdeckt
Wenn überhaupt
Wo liegt ES . . . [3]

VOM SCHLARAFFENLAND IN DEN KOLONIALWARENLADEN:
Kaffee, Kakao und süße Früchte.

Noch bis in die sechziger Jahre war er der Anziehungspunkt in Läden, die Kaffee verkauften: der kaffeetrinkende Mohr (Automat), der sich den Kaffee einschenkt, die Tasse zum Mund führt, dann mit den Lippen schmatzt und dabei genüßlich mit den Augen rollt – der Inbegriff des Kaffeegenusses!

Nur noch selten erinnert ein verblichener Schriftzug an alten Hauswänden daran, daß es früher „Kolonialwaren-Läden" gab - Geschäfte, in denen Produkte aus „unseren Kolonien" verkauft wurden: Kaffee, Kakao, Tee, Gewürze und besondere Spezialitäten.

Während wir heute diese Waren wie selbstverständlich konsumieren und erfreut Preissenkungen für Kaffee bemerken, stellten solche Produkte früher ein begehrtes, wertvolles Handelsgut dar. Um diesen Wert beim Verkauf herauszustellen, wurde häufig auf der Verpackung oder in der Dekoration mit Schwarzen geworben. Der Kaffeemohr oder der kleine schwarze Zigarrenraucher waren dann das Markenzeichen und wiesen auf das weit entfernte Herkunftsland hin, auf exotische Genüsse, besonderen Luxus oder Sonne und Süße.

LUXUS — der schwarze Diener

SONNE — Palmen,
weitgehend unbekleidete Menschen
im Baströckchen

SÜSSE — kindliche, fröhliche Menschen

HEITERKEIT — Schlaraffenland

= TRAUMLAND TROPEN

Die riesigen Plantagen, die von den europäischen Kolonialherren für solche Produkte in Afrika angelegt wurden, warfen gute Gewinne ab, denn:

● Das Land wurde als „Niemandsland" von der Kolonialverwaltung billig verkauft (aller Boden, der nicht gerade aktuell bebaut wurde, galt als „Kaiserland" - auch Weide- und Waldgebiete, Brachen und Ruheflächen, die zum traditionellen System des Ackerbaus dazugehörten).

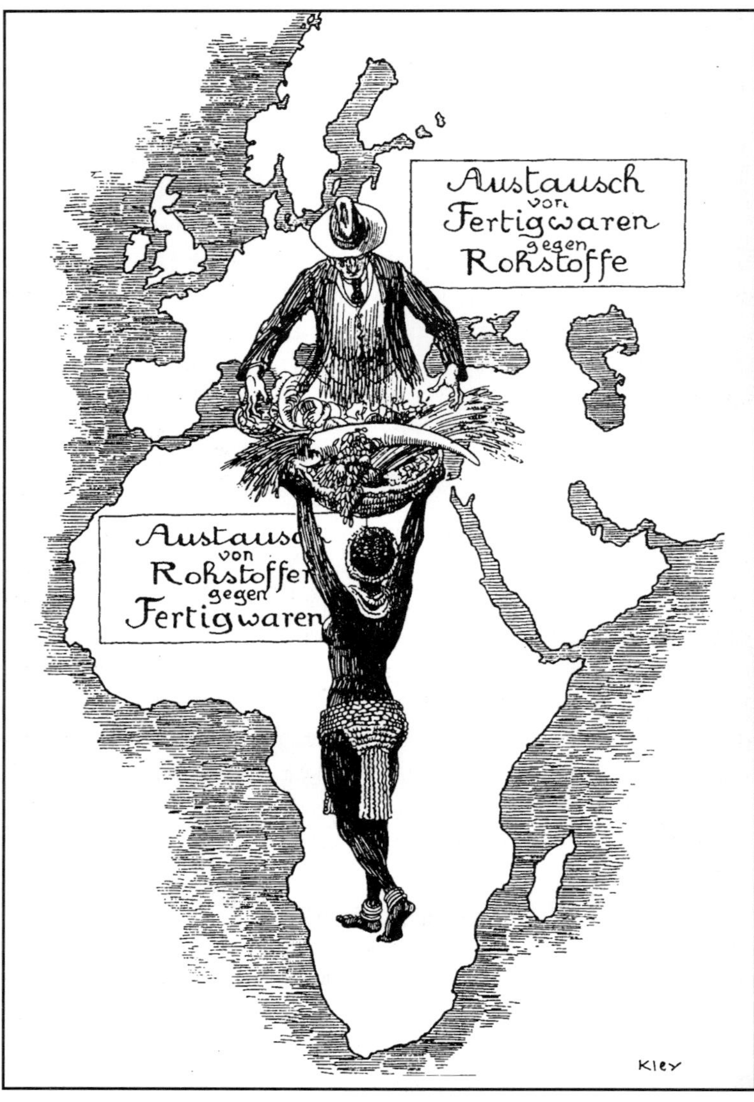

„Das überindustrialisierte, mechanisierte Europa und das rohstoffreiche, jungfräuliche Afrika ergänzen sich, heißt es im Text zu dieser romantisierenden Zeichnung. Die Rollenverteilung war klar - hat sie sich eigentlich bis heute geändert?

● Die Arbeitskräfte auf diesen Plantagen wurden doppelt ausgebeutet: ihren geringen Lohn mußten sie zwangsweise in den Läden der Plantagenbesitzer ausgeben. Dort gab es nur Ware zu überhöhten Preisen – und Alkohol! Land zum Anbau der eigenen Nahrung wurde nur unzureichend zur Verfügung gestellt. Die Quote der Arbeiter, die an Krankheiten und Entkräftung starben, war erschreckend hoch. Dieses System funktionierte nur, weil die Plantagenarbeit erzwungen war. Durch die Einführung von „Kopfsteuern" und „Strafgeldern" sorgte die Kolonialverwaltung dafür, daß genügend Arbeiter für diese Fron zur Verfügung standen.

Die Zeitschrift „Kreuz und Schwert – im Kampfe gegen Sklaverei und Heldentum" vom Afrika-Verein deutscher Katholiken schreibt dazu im April 1895:

„Um den Plantagenbau zu fördern, hat die Regierung das in ihren Kräften stehende getan und wird es auch in der Folge tun. In dieser Beziehung ist auf die unentgeltliche Zuführung von Strafarbeitern des Gouvernements an mehrere Plantagen zu verweisen; die Berichte über die Leistungen dieser Arbeiter lauten von den einzelnen Plantagen verschieden. Während zum Beispiel die Plantage in Debudscha mit denselben zufrieden ist, war die im letzten Jahresberichte der Kamerun Land- und Plantagengesellschaft veröffentlichte Kritik über die Strafarbeiter eine ungünstige. . . . Immerhin wird nicht übersehen werden dürfen, daß man von einem Neger, der nie vorher regelmäßige Arbeit kennen gelernt hatte, nicht jenes Maß an Leistungsfähigkeit wird beanspruchen können, wie von einem seit längerer Zeit zu ordnungsmäßiger Tätigkeit erzogenen . . ."[1]

Wenn es um die Erklärung des Verhaltens der Afrikaner auf den Plantagen geht, so dachte niemand an passiven Widerstand gegen die brutale Ausbeutung. Als Erklärungsmuster mußte entweder „der faule Neger" oder „der Neger als Kind" herhalten; beides waren Erziehungsfälle. Dazu konnte man in der Kolonialzeit überall lesen: „Der Afrikaner kann hart arbeiten, aber er ist nicht gewöhnt, regelmäßig zu arbeiten, er ist ein ‚overgrown child', ein zu groß gewordenes Kind."[2]

Das Bild des *Kindsnegers* wurde auch in der Werbung für die Produkte aus den Kolonien gebraucht, eignete es sich doch hervorragend

FLORIDA
BOY
GETRÄNKE
FLORIDA
BOY
INSTANT
happy-quick
mit Traubenzucker
köstlicher
KAKAO-
Geschmack
400 g
Hochwertige
QUALITÄT
FRÜCO

zur Rechtfertigung: ist der Neger wie ein Kind, so braucht er einen Vormund, einen gütigen Vater, der alles für ihn regelt, ihn zu Ordnung und Fleiß erzieht. Besitzansprüche kann ein Kind nicht geltend machen, der sorgende Vater kann alles nehmen, ohne einen Diebstahl zu begehen und alles „zu seinem Besten" regeln.

Die wahren Zustände in den Kolonien, auf den Plantagen werden so verschleiert, und der Raub mit diesen verniedlichten Bildern in die Nähe eines familiären Güteraustausches gebracht. Daß die Afrikaner ja eigentlich die Eigentümer des Landes und auch seiner Schätze sind und deshalb die Gewinne einstecken müßten, das Recht hätten, die Produktion zu bestimmen . . . wer käme schon darauf, wenn er all die niedlichen Kindsneger auf Kakao und Erdnußtüten, auf Apfelsinen- und Bananenverpackungen sieht!

Werbung im Fenster eines neuen Bistro-Cafés hinter dem Düsseldorfer Hauptbahnhof, 1991

Die Bilder der Werbung für Kaffee und Kakao, Südfrüchte und Erdnüsse haben also oft eine lange Tradition. Viele finden sich heute noch auf den Packungen - nur pure Nostalgie oder erfüllen sie nicht immer noch die gleiche Funktion wie damals? Sollen sie uns ablenken von den aktuellen Fragen:

- nach dem Preisverfall für Rohstoffe und Lebensmittel aus dem Süden bei steigenden Preisen für Maschinen und Fertigwaren aus den Industrienationen;
- nach den Arbeitsbedingungen auf den Plantagen
- nach den hohen Gewinnen der multinationalen ,United Fruit'-Konzerne bei gleichzeitiger Verschuldung der afrikanischen Staaten;
- nach Selbstversorgung der Bevölkerung und notwendiger Devisenerwirtschaftung zum Import von Maschinen?

Eine solche Betrachtungsweise kann den unbeschwerten Kaffegenuß wie zu Kolonialzeiten verderben.

Und diese Kolonialzeiten scheinen noch längst nicht überwunden zu sein, wenn man folgende Untersuchungen sieht: „Die Weltbank in Washington hat nachgewiesen, was oft nur von Ideologen behauptet wird: Die afrikanische Länder werden von ihren ehemaligen Kolonialherren in Europa noch immer kräftig ausgebeutet. Das internationale Entwicklungs-Institut kommt in einer umfassenden und komplizierten Studie zu dem Schluß, daß die früheren Kolonien seit 1962 ‚beträchtliche Preisaufschläge' für Lieferungen von Eisen- und Stahlprodukten aus Frankreich, Großbritanien, Belgien und Portugal zahlen mußten. Die französischen Lieferanten beispielsweise nahmen den Importeuren in Frankreichs Ex-Kolonien in den 26 Jahren bis 1987 durchschnittlich 24 Prozent mehr ab als ihren Abnehmern in anderen Ländern. In den Jahren 1986/87 waren es sogar über 66 Prozent. Die Briten schlugen im Durchschnitt 20 Prozent auf. Allein den ehemals französischen Kolonien entstand so ein Verlust von annähernd zwei Milliarden Dollar; dieser Betrag übersteigt die langfristigen Auslandsschulden von zwölf afrikanischen Ländern im Jahre 1987. Einen der Hauptgründe dafür, daß die Afrikaner stark überteuerte Preise für die Importe aus den einstigen Mutterländern zahlen, sieht Weltbank-Ökonom Alexander J. Yeats, Autor der Studie, in der nach wie vor hohen politischen und wirtschaftlichen Abhängigkeit sowie den damit verbundenen Zwängen. Yeats weist auf andere Studien hin, die zeigen, daß die ehemaligen Kolonien generell im Durchschnitt mehr für Importe zahlen als andere Entwicklungsländer oder gar entwickelte Länder und obendrein für ihre Exporte auch weniger erhalten.“ [3]

Ja, die Kolonialwaren führen uns direkt in die Kolonialzeiten und noch weiter zurück - in die Sklavenzeit. „Ich weiß nicht, ob Kaffee und Zucker für das Glück Europas notwendig sind, aber ich weiß sehr wohl, daß diese beiden Pflanzen das Unglück zweier Erdteile waren. Man hat Amerika entvölkert, um Boden zur Anpflanzung zu haben; Man hat Afrika entvölkert, um eine Nation zu haben, die ihn bebaut.“ sagte Bernhardin de Saint Pierre schon 1768. [4]

Zucker, Kaffee, Baumwolle, Reis, Indigo und Tabak, das sind die „Sklavenpflanzen“, die den Plantagenbesitzern Reichtum, den Konsumenten in Europa Genuß und den dafür geschundenen Sklaven die Peitsche und den Tod brachten. Es ist schon makaber, daß angesichts dieser Geschichte (die noch keine 150 Jahre her ist!) mit dem Bild eines treuen schwarzen „Onkel Tom“ für Reis aus den Südstaaten der USA geworben wird . . .

Nicht nur an den Früchten aus Südafrika klebte Blut - doch weder ein genereller Boykott noch „Augen zu beim Kaffeegenuß" sind die richtige Haltung. „Fairer Handel" heißt es in diesem Zusammenhang zum Beispiel bei der GEPA, die viele Dritte-Welt-Läden mit Produkten aus Afrika, Asien und Lateinamerika beliefert. Sie zahlt den Kleinbauern und -produzenten höhere Preise und versucht, unnötigen Zwischenhandel und Spekulationen auszuschalten. In den „Eine-Welt-Läden" gibt es unter anderem Kaffee und Tee aus Tanzania, Kakao aus Ghana - und jede Menge Informationen statt verschleiernder Werbung mit süßen Kindsnegern und treuen Onkel-Tom-Gestalten.

NEGERAUFSTAND IST IN KUBA.

Zum Kannibalen-Mythos

Genau 500 Jahre alt ist der Kannibale, denn als 1492 Christoph Kolumbus auf den Antillen landete, wurde er von den einheimischen Arawaks vor ihrem Nachbarvolk, den Kariben gewarnt. Diese Kariben, so erzählten sie Kolumbus, seien „Hundeschnauzenmenschen" mit nur einem Auge, die ihre Gefangenen entmannen und dann essen würden. Als Kolumbus diese spannende Erzählung in seinem Bordbuch festhielt, hatte er sich entweder verhört oder verschrieben, denn im Bordbuch tauchen die Kariben als Kaniben auf. So wurden die Menschenfresser, die Anthropophagen, zu Kannibalen. Gesehen hat Kolumbus ein solches Kannibalenfrühstück offensichtlich nicht. Das gelang übrigens noch keinem Forschungsreisenden, was sie allerdings nicht daran hinderte, dicke Bücher über den Kannibalismus zu schreiben.

Fotografen, die Anfang 1991 in Port-au-Prince endlich einmal beobachteten, wie nach dem Putsch in Haiti hunderte von Menschen zwei Männer umstanden, die das Fleisch eines Gelynchten aßen, wobei der eine Mann an einem Arm kaute, während der andere ein Stück Menschenfleisch auf's Messer gespießt hatte [1], hatten leider gerade ihre

Kamera nicht schußbereit. So mußte die Presseagentur sich mit ihrer Beschreibung zufrieden geben. Es macht ja auch nichts, wenn das Foto fehlt, zuzutrauen wäre es den Schwarzen in Haiti! Oder? - sollten die Fotografen in ihrer Jugend zu oft gesungen haben:

„Negeraufstand ist in Kuba,
Schüsse hallen durch die Nacht,
in den Straßen von Havanna stehen Neger auf der Wacht.
Umbaumbarassa Umbaumbarassa Umba eeehhh eeeehhh
. . . und die Neger und die Kleinen
knabbern schmatzend an Gebeinen . . . .
. . . und darunter stehen Weiber,
und die denken wie besessen an das nächste Menschenfressen.“ [2]

Ich erinnere mich noch mit Grausen, wie ich eines Tages in Bafia/ Kamerun in meine Küche kam und aus dem Kochtopf eine Menschenhand herausragen sah. Unsere Köchin konnte das Entsetzen gar nicht nachvollziehen, war Affenragout doch ein köstliches Fleischgericht.

Aber was ist denn nun dran am Kannibalismus? Viel, wenn man die Menge der Aufsätze in der Völkerkunde zu diesem Thema zum Beleg nimmt. Sie füllen sicher mehrere Bücherwände. Als aber der amerikanische Anthropologie-Professor William Arens [3] in den 70er Jahren all diese Berichte untersuchte, stellte er fest, daß es keinen einzigen Augenzeugenbericht gab. Alle Berichte fußten auf den Erzählungen der

Wie die Weiber der Wilden den Mingan bereiten.

Wie die Wilden den Gefangenen verzehren.

Völker über ihre ungeliebten Nachbarn oder über die wohl noch rückständigen Vorfahren, oder es waren Berichte von Eroberern wie Hernándes Cortés, die so etwas über ihre schlimmen Feinde gehört haben wollten. Interessant wurde es für Arens, als er die Berichte verglich und auffällige Übereinstimmungen fand z.B. in den wörtlichen Dialogen zwischen Kannibalen und später zu tötenden Opfern, die an Hänsel und Gretel erinnerten. Die Quelle dieser Berichte fand er dann bei Hans Staden [4], einem deutschen Landsknecht, der um 1550 in Brasilien den Menschenfressern entronnen sein wollte. Unter Mitwirkung eines Marburger Medizinprofessors schrieb Staden 1557 das berühmte Menschenfresserbuch „*Die wahrhaftige Historia und Beschreibung einer Landschaft der wilden nackten grimmigen Menschenfresserleuten - in der neuen Welt Amerika*".

So kommt Arens zu dem Schluß, daß die Menschenfressererzählungen ihren Ursprung in den Ängsten vor den unbekannten Nachbarn hätten. Benutzen konnte man diese Fabeln, um diese Fremden zu Sündenböcken zu machen, sie zu unterdrücken, zu mißhandeln und auszuplündern.

Es ist keineswegs so, daß der Vorwurf, Menschenfleisch zu essen, zuallererst die Kariben getroffen hätte. Auch im alten Rom wurden die Christen verdächtigt, sie vollzögen einen Kult mit Menschenblut. Und die Christen des Mittelalters unterstellten den Juden Ritualmorde, was die Pogrome gegen die Juden scheinbar rechtfertigte. Aber wie kommt dann der Neger in den Kannibalenwitz, wenn der Kannibalismus doch in der Karibik, in Lateinamerika oder Europa zu Hause ist? Arens meint: „Als die Kultur der Azteken ausgelöscht war, wandten sich der Sklavenhandel und das Kannibalenthema nach Afrika. Als eine Gruppe von Menschenfressern verschwunden war, erfand der europäische Geist alsbald die nächste." [5]

In der europäischen Missionsliteratur haben dann breite Kreise ihre Grundbildung in Kannibalismus gefunden. So schreibt Pater Rosenhuber 1913 aus Kamerun: „Ebenso grausame Menschenfresser sind die Bayas, die den Kannibalismus so raffiniert ausgebildet haben, daß bei ihnen die Menschen direkt für die Festlichkeiten gemästet werden. - Kurz, der ganze östliche Teil von Kamerun ist das Gebiet, wo die

Menschenfresserei blüht. Im Jaundegebiet selbst hat diese Unsitte aufgehört. (. . .) Vergleicht man den heutigen Zustand (. . .) mit dem damaligen, so wird man nicht umhin kommen, das reich gesegnete Wirken der katholischen Mission anzuerkennen.“ [6]

Was fasziniert eigentlich so an diesem Thema? Warum taucht es um die Jahrhundertwende in den Gazetten und Missionsblättern so häufig auf? Warum ist es auch heute noch ein Diskussionsthema im Zusammenhang mit Afrika?

In einem Europa, das vom Christentum geprägt wurde, ist es bei dieser Frage notwendig, einen Blick in die Bibel zu werfen. Und nach dem Zeitalter der Aufklärung muß uns die Theoriebildung der Ethnologie vieles enthüllen. Von der Bibel her wissen wir, daß der Mensch von Gott geschaffen wurde. Doch gleich am Anfang dieser Menschheitsgeschichte tötet Kain den Abel und wird dafür bestraft. Der Mensch ist ein Geschöpf Gottes und daher ist es Gott allein, der ein Menschenopfer fordern kann. Doch er wandelt schon bei Abraham das Menschenopfer in ein Tieropfer um. Beim letzten Abendmahl dann wandelt Jesus dieses Blutopfer noch einmal um, als er das Brot bricht: „...Das ist mein Leib...“ Jetzt inkorporiert der Mensch diesen Gott in der (symbolischen) Gestalt und wird damit eins mit ihm. Gott ergreift Besitz von ihm und heiligt ihn dadurch.

Die Ethnologie weicht in ihrer Theoriebildung eigentlich nicht wesentlich von diesem Muster ab: Die Feinde werden gegessen, um sich ihre Kraft, ihren Geist einzuverleiben. Oder: Die Alten werden gegessen, um ihnen einen würdigen Ort fürs Weiterleben zu geben. Das „Ich habe dich zum fressen gern!“ der Verliebten, hat hier seinen Platz. Diejenigen Theoretiker, die Menschenfresserei annehmen, damit eine Volksgruppe ihren Speisezettel aufbessert, werden in der eigenen Wissenschaft heute nicht mehr ernst genommen. Jaques Attali spiegelt die ethnologischen Theorien sehr gut in seinem Buch: ‚Die kannibalistische Ordnung‘ [7]. Da heißen dann folgerichtig die Kapitel: ‚Die Lebenden essen die Toten, um zu leben‘ oder ‚essen ohne zu töten: Kannibalismus und Sexualität‘ usw.

Damit ist die Ambivalenz dieses Phänomens deutlich umrissen: auf der einen Seite würde ich sowohl meinen Feind, als auch einen ganz besonders lieben Menschen gerne fressen, um ihn ganz zu besitzen. Ich würde ihn gerne zu einem Stück von mir machen, einen Teil seiner Eigenschaften bekommen, Macht über ihn haben. Auf der anderen Seite zeigt die Geschichte in der Bibel, daß wir so etwas nicht dürfen. Dieses Tabu durchbrechen hieße, sich gegen Gott zu richten – für Humanisten: sich gegen das Ideal des Menschen zu wenden. Wenn ich also in diesem Kontext einer anderen Volksgruppe unterschiebe, daß sie das Tabu der Menschenfresserei verletzt, so grenze ich sie damit so weit aus, daß jede Strafmaßnahme, jede Diffamierung gerechtfertigt ist. Gleichzeitig versichere ich mir damit noch einmal der Grenze, die zu überschreiten mir nicht erlaubt ist.

In dieser Ambivalenz, diesem Grenzgang liegt auch der Unterhaltungswert, den dieses Kapitel in den Medien hat. So meldet selbst die seriöse Frankfurter Rundschau am 6.1.1990: ‚Kein Asyl für Kannibalen'. Die Meldung berichtet aus Swasiland (Afrika), daß ein inhaftierter Marokkaner (weit entfernter Fremder) mit dem Namen Hitler (!) Sharin im Gefängnis verlangte, daß man ihm Verkehrstote (wie modern) für seine kannibalistischen Mahlzeiten zur Verfügung stellte. Eine solche Meldung beschert uns doch ein wohliges Gruseln mit Gänsehaut. Und wer erinnert sich da nicht an den alten Gassenhauer:

Warte nur ein Weilchen,
bald kommt Harmann auch zu dir,
mit dem kleinen Hackebeilchen
und macht Leberwurst aus dir.

Rezepte

»Kümmeltürken« zum Abnagen
4 dünne, magere Speckscheiben in den Schlemmer-Topf legen, 500 g rohe Kartoffelscheiben, 250 g Zwiebelscheiben, 600 g Schweineknochen mit reichlich Fleisch und Majoran mischen, salzen und mit Kümmel bestreuen. Das Gemisch auf die Speckscheiben verteilen, 4 weitere Speckscheiben darüberlegen. Ca. 120 Min. bei 250°

NICK DOCH SELBER

Schlechte Werbung für eine gute Sache.

Um die Jahrhundertwende hatte Deutschland endlich seine Kolonien, wie es sich für eine Weltmacht der damaligen Zeit gehörte. Es galt, die Völker dort zu unterwerfen. Das geschah mit Hilfe von Gesetz und

Strafen, mit Polizei und Kolonialtruppen. Doch erkannte der Missionstheologe Professor Dr. J. Schmidlin sehr schnell, daß sich damit nur eine äußere Unterwürfigkeit erzwingen ließ. Die eigentliche Unterwerfung mußte die Mission leisten, die dem „Eingeborenen" den inneren Subordinationsgeist gegen die rechtmäßige Obrigkeit einflöste.

Die äußere Unterwerfung wurde aus dem Steuersäckel bezahlt, während die innere Unterwerfung auf die Spenden der Gläubigen angewiesen war. Irgendwann in dieser Zeit kam einem findigen Spendensammler die Idee: Überall waren damals bewegliche Spielautomaten, Flipper, ja sogar ganze Bergwerke und Landschaften mit Eisenbahnen und Windmühlen beliebt, die sich gegen den Einwurf von ein paar Groschen drehten und bewegten. Warum nicht die Faszination der Maschinen, der Bewegung nutzen – für einen guten Zweck? Der *Nickneger* war geboren. Er sollte für die „armen Heidenkinder", (alle nur schwarz?!) Opfergaben sammeln. Für wohlerzogene Kinder der damaligen Zeit gehörte es zum guten Ton, sich für den Sonntagsgro-

Reklame aus dem Jahr 1925

schen beim Großvater mit einem tiefen Diener zu bedanken. So bedankte sich das arme Negerlein mit kräftigen Dienern für jeden Groschen und für jeden Hosenknopf.

Der Nickneger ist kein historisches Thema, auch wenn die Missionsgesellschaften es gern so hätten, haben sie doch schon lange die rassistischen Züge dieses Spendenautomaten erkannt und den Vertrieb seit sicher zwei Jahrzehnten eingestellt. Doch allein die Firma Wibbelt in Aachen hatte nach eigenen Angaben in der Zeit nach dem Zweiten Weltkrieg in Spitzenzeiten noch 400 bis 500 Stück pro Woche verkauft. Und eine Spielwarenfabrik in Coburg hat um 1960 die letzten Exemplare ausgeliefert, die zum Teil noch in Kirchenkellern verstauben oder im Zuge der Nostalgie wieder an den Weihnachtskrippen Geld für die Entwicklungshilfe ernicken. „Und sie bringen

So stand es auf vielen Nicknegern.
Könnte es zum Schluß nicht auch heißen: Vergeld's Gott? Oder: Vergällt's Gott?

mehr ein, als die ollen Sammelbüchsen," klärte mich im letzten Jahr ein Küster auf. Aber die Nickneger haben längst die Kirchen verlassen und zieren als Nachbildungen (verkauft auf Flohmärkten und in Antiquitätenläden) modern gestilte Wohnzimmer, Laden- und Kneipentheken. Und sie sind in den Köpfen von ganzen Kindergenerationen zum Urbild des Schwarzen geworden – ein plastisch gewordenes „Heidenkind" aus der Mission, dem die Kinder gerne ihre Groschen gaben und stolz auf ihre gute Tat waren.

Heidenkinder sehen heute anders aus. Sie nicken nicht mehr an der Weihnachtskrippe, sondern schauen uns mit großen Augen von den Plakatwänden an. Unbestritten, die Missionsarbeit und die Entwicklungshilfe brauchen Geld, und sie sind zum überwiegenden Teil auf

Auch heute noch bedienen sich Missionen und Hilfswerke der gleichen Bilder. Sie sind spendenwirksam und mancher der Anzeigenmacher ist sich offensichtlich über die unfreiwillig transportierte Botschaft im unklaren.

Spenden aus den reichen Ländern angewiesen. In Deutschland wird täglich um eine Spende für irgendein Hilfswerk oder eine Aktion gebeten. Der Spendenmarkt ist aber nicht unendlich groß und so bekommt die Werbung für die einzelnen Werke einen hohen Stellenwert. Der Erfolg zeigt, daß mit dem Elend und mit Kindern (arm, verlassen, verhungert . . .) gute Spendenergebnisse zu erzielen sind. So wird der Schwarze häufig nur in seinem Elend und als Kind gezeigt. Noch 1990 wurden wir zu einer Spende für die ‚Negerhilfe' aufgefordert, – von der Christlichen Union pro Afrika e.V. in Frankfurt. Auf der Rückseite des Überweisungsträgers wird erst die Bibel bemüht: „Was Du diesen Ärmsten getan hast, das hast Du mir getan" um zu schließen mit den Worten: „ . . . da sind noch jene, die hungern." Zwischen diesen Sätzen kommen dann die Stichworte: Leiden – Afrika – verhungern – Kinder – helfen. Diese Botschaft ist sicher spendenträchtig. Ob die Afrikaner sich in dieser Weise dargestellt sehen wollen, interessiert offensichtlich nicht. Der Zweck heiligt hier die Mittel.

Die großen Hilfswerke wie z.B. terre des hommes, Deutsche Welthungerhilfe, Misereor, Brot für die Welt, usw. haben zwar eine gemeinsame Erklärung verabschiedet, in der Spendenwerbung keine diskriminierenden oder rassistischen Bilder und Texte zu verwenden, doch wo sind die Grenzen, und was ist, wenn die Spendenergebnisse sinken?

Als bei einem großen Hilfswerk das beste Plakat der letzten Jahre gewählt werden sollte, war das nicht die energische philippinische Ordensfrau, die die Zügel des Ochsenkarrens in der Hand hielt, sondern ein Plakat mit einem schwarzen Kind, eine beschützende Hand auf dem Kopf . . .

All die modernen Nickneger, die Kinder mit den großen Augen, die dankbaren Afrikaner, die sich so über unsere Gaben freuen, zerschlagen die vorsichtigen Versuche, das Bild eines gleichwertigen Gegenübers zu zeichnen. Das Bild eines Menschen, der nicht nur nickt, sondern auch mit dem Kopf schüttelt, wenn er etwas nicht will – auch wenn es von uns „gut gemeint" war. So heißt es auch hier: „Das Gegenteil von gut ist oft nicht schlecht sondern „gut gemeint".

Ihr habt meinen Vater
zum ‚Nickneger' gemacht.
Ihr gabt ihm das, von dem Ihr meintet,
daß es für ihn gut sei.
Habt ihr ihn jemals gefragt,
ob es gut für ihn ist?
Ein Afrikaner aus Nigeria [1]

Aufgespießt

„Die Deutschen sind sehr spendenfreudig. Ich meine, ganz Afrika lebt aus unserer Tasche."

Gloria von Thurn und Taxis, Fürstin aus Regensburg, in der „NDR-Talkshow".

Bei der Fürstin handelt es sich immerhin um eine der reichsten Frauen Deutschlands.
Frankfurter Rundschau
22.9.1987

Wahlwerbung der Republikaner. Aufgrund der Wahlerfolge haben mittlerweile auch andere Parteien die Fremdenangst für ihre Wahlstrategien aufgegriffen.

DAS BOOT IST VOLL
Wie Angst gemacht wird.

Unter der Führung des charismatischen Führers Isa El Mahdi rotten sich die vor dem Verhungern stehenden Afrikaner zusammen und ziehen in einem langen Treck auf das Mittelmeer zu. Sie wollen mit Gewalt nach Europa übersetzen, um am dortigen Wohlstand zu partizipieren. Schaffen es die europäischen Sicherheitsarmeen, diesen Marsch noch vor den Küsten des Mittelmeeres zu stoppen? Das Abendland vor dem Untergang zu retten?

Schon 1960, nach dem großen „Wirtschaftswunder", war die Angst vorhanden. Der Simplizissimus" vom 16.7.1960 nahm sie auf's Korn.

Zeichnung: Wigg Siegl

„Die Flotte der Unterentwickelten nimmt Kurs auf die deutschen Frühstücksinseln."

Dieses Szenario flimmerte im Mai 1990 zu bester Sendezeit über die Kanäle der ARD. Eine Woche für die Dritte Welt war angesagt, der Film „Der Marsch" war der Höhepunkt und Experten diskutierten die Überbevölkerung Afrikas. Erinnern wir uns noch: Die rote Gefahr, die gelbe Gefahr und jetzt tickt die Bevölkerungsbombe in Afrika. Nachdem der Kommunismus zerfallen ist, China sich als nicht so mächtig erwiesen hat, fehlen uns die Feindbilder. Glücklicherweise lag dann doch noch eines in der Schublade: Der über-fruchtbare Afrikaner, der unverantwortlich einfach Kinder in die Welt setzt, ohne an die Folgen - für uns - zu denken.

Das Thema Überbevölkerung ist nur zu einem kleinen Teil ein Sachproblem, denn wer weiß eigentlich, was Unterbevölkerung oder Normalbevölkerung ist? Wer setzt den Maßstab, wer bestimmt, wieviel auf das Boot Erde passen? „Auf die Frage nach dem Zuviel, nach einer absoluten Obergrenze der Weltbevölkerung, gibt es keine einfachen Antworten. Wissenschaftler sprechen von der ‚Tragfähigkeit' und meinen damit die Anzahl der Personen, die bei gegebener Technologie, bei gegebenem Konsumverhalten und gegebener Sozialordnung dauerhaft in einer Region leben können, ohne bleibende Umweltschäden zu verursachen. Die so definierte Tragfähigkeit kann sich erhöhen oder verringern, je nachdem, wie sich Technologie, Konsum und Sozialstruktur entwickeln." [1] Es stellen sich hier also die Fragen nach unserem Energie- und Wasserverbrauch, nach unseren Konsumgewohnheiten usw. Wofür setzten wir unsere Technologie ein? Etwa um die Festung Europa zu verteidigen oder um das ökologische System zu entlasten? Diesen Fragen wollen wir aber hier nicht nachgehen. Wir diskutieren auch nicht die Bevölkerungsstatistiken, die Zahlenspiele, die alle auf Schätzungen beruhen, die mehr oder weniger Sinn machen. An den Äußerungen von Bayerns Sozialminister Gebhard Glück wird deutlich, daß Zahlen verschiebbar sind, die Tragfähigkeit des Bootes Deutschland unter rassistischen Kriterien ermittelt wird. Glück meinte im Januar 1992 [2], daß rund 2 Millionen (2 000 000) Deutschstämmige aus der ehemaligen Sowjetunion in der Bundesrepublik aufgenommen werden können. Diese überwiegend jungen Aussiedler könnten dann die Grundlagen für die Rentenversicherung nach dem

Die Dokumentation im „Stern" vom 17.10.1991 zeigt die Mitverantwortung von Politikern und Wissenschaftlern für den Rassismus in Deutschland.

Steffen Reiche, Vorsitzender der SPD Brandenburg

»Große Flüchtlingsströme aus dem Osten können der europäischen Kultur ein Ende setzen. Sie können für Europa gefährlicher werden als die Rote Armee in der Zeit des Kalten Krieges.«

Prof. Robert Hepp, Soziologe an der Universität Osnabrück

»Eine Gruppe, die gar keine Ausländerfeindlichkeit mehr hätte, also sich gar nicht mehr absetzen würde, gegenüber Ausländern und Fremden, die hätte auch kein eigenes Gruppenbewußtsein mehr, keine eigene Kultur.«

Prof. Klaus Hornung, CDU, Politikwissenschaftler, Uni Stuttgart-Hohenheim

»So können die Deutschen zum dritten Mal in diesem Jahrhundert das ihrige dazu tun, Europa zu ruinieren, dieses Mal durch ihre modische Wahnidee, hier das Sozialamt und das Krankenhaus für die ganze Welt zu errichten.«

Manfred Ritter, CSU, Landesanwalt am Verwaltungsgericht Ansbach

»Vergleiche mit einem Heuschreckenschwarm, der überall, wo er durchzieht, eine Wüste hinterläßt, sind keinesfalls übertrieben. Die Lösung kann daher nur lauten: konsequente Abschirmung Europas vor der Zuwanderung aus den Entwicklungsländern.«

Prof. Irenäus Eibl-Eibesfeldt, Humanethologe, in einem Interview

»Sie können mit allen Völkern friedlich zusammenleben, wenn diese Völker nur ihre eigenen Territorien haben. Ist es vernünftig, wenn man sein eigenes Aussterben betreibt?«
Was heißt das?
»Die genetische Verdrängung der Mitteleuropäer.«

Horst Niggemeier, SPD-MdB und Bürgermeister von Datteln, Nordrhein-Westfalen

»Viele Asylanten kommen aus Kultur- und Zivilisationskreisen, die uns völlig fremd sind. Die haben auch ein anderes Verhältnis zum Eigentum, als es die meisten der deutschen Eltern ihren Kindern beibringen.«

Otto Zeitler, CSU, bayer. Staatssekretär für Landesentwicklung und Umwelt

»Man bedenke die ökologischen Folgen, die im Falle einer weiter ungebremsten Zuwanderung auf die Bundesrepublik zukommen.«

Peter Gauweiler, CSU, bayerischer Umweltminister

»Angesichts der jetzt schon beklagten Überfüllung stellt sich die Frage: Wie viele Menschen verträgt das Land? Das ist eine Frage der Physik und der Biologie und – wie wir heute wissen – auch der Ökologie.«

Tägliche Einwanderung von Ostjuden in Deutschland und Österreich während des ersten Jahrzehntes nach dem Weltkriege. Altreich: 13 Juden. Österreich: 7 Juden

Tägliche Einwanderung von Ostjuden in Deutschland, 1940

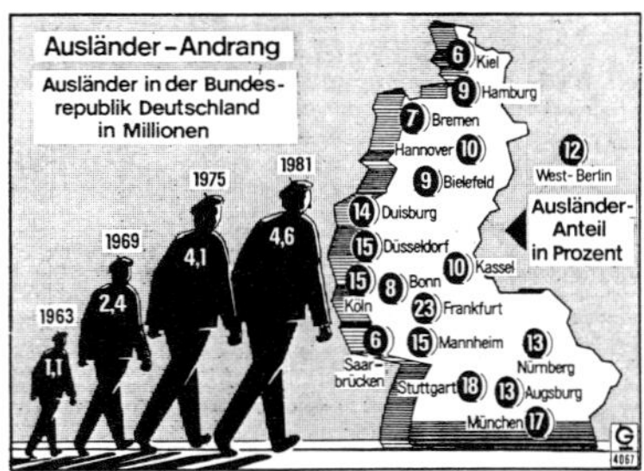

Ausländer-Andrang, 1981

Wie sich die Bilder gleichen. Durch die Darstellung wird Angst erzeugt, und eine Verteidigungshaltung provoziert. Die erzeugte Angst läßt sich gut für Maßnahmen gegen Ausländer gebrauchen.

Jahr 2000 deutlich verbessern. Dagegen kämen wir nicht um eine Grundgesetzänderung zur Abwehr der Asylbewerber herum, deren Zahl nach Glücks Angaben 1991 auf eine Rekordhöhe von 0,25 Millionen (256 112) angestiegen sei. Fragt sich nur, warum junge Tamilen oder Ghanaer nicht den gleichen Effekt für die Rentenversicherung haben?

Uns geht es hier aber um einen anderen Punkt, nämlich um die Bilder, die die Botschaft von den sich mäuseähnlich vermehrenden Negern verbreiten. Dabei ist wichtig, die Wurzeln und den Hintergrund zu sehen, auf denen diese Bilder in Deutschland wirken.

Oswald Spengler sah um 1920 aufgrund einer biologistischen Vorherbestimmung den „Untergang des Abendlandes" kommen, und Hans Grimm verarbeitete die Stimmung nach dem Ersten Weltkrieg in dem Bestseller „Volk ohne Raum". Beide Titel hatten eine so große Verbreitung, daß der Nationalsozialismus sie als Schlagworte ins Land hämmerte und sie zur Rechtfertigung seiner Expansionszüge nutzte. Die Ängste „Wir sind vergreist und daher als Volk dem Untergang geweiht" und „Wir haben keinen Lebensraum mehr" wurden vermehrt durch die Angst vor der „menschlichen Springflut". In dieser neuen Variante schreibt 1969 der langjährige Chefredakteur des Spiegels: „Die reichen Inseln der weißen Zivilisation . . . drohen in einem

DER UNTERGANG
DES ABENDLANDES
UMRISSE EINER MORPHOLOGIE
DER WELTGESCHICHTE
VON
OSWALD SPENGLER
ERSTER BAND
GESTALT UND WIRKLICHKEIT
SECHSTE, UNVERÄNDERTE AUFLAGE
C. H. BECK'SCHE VERLAGSBUCHH
DER
UNTERGANG
DES
ABENDLANDES
VON
OSWALD SPENGLER
Erster Band
Gestalt und Wirklichkeit
Claus Jacobi
Die menschliche
Springflut
Ullstein
Hans Grimm
Volk
ohne
Raum

Meer farbiger Leiber zu versinken." [3] Und später knüpft er direkt an den „Untergang des Abendlandes" an, indem er schreibt: „Die Erwartungen der ‚geschichtslosen Fellachenvölker' (Oswald Spengler) sind geweckt. . . . Sie wissen wenig . . . Doch sie wissen, daß es ein besseres Leben gibt, und daß der weiße Mann es führt. Und wenn den farbigen Milliarden eines gemeinsam ist, dann ist es dieses: Der Wunsch besser zu leben – ‚menschenwürdiger', wie es im gedankenleeren Pathos unserer Tage heißt." [4]

Sprachbilder sind das alles, die vom Foto ergänzt und getragen werden. „Geschichtslose Fellachen" oder „farbige Leiber" machen keine Angst, sondern eher Mitleid; erst wenn sie als Springflut, in Milliarden kommen, dann müssen wir laufen. Der Afrikaner, der Schwarze, der Neger als Masse wird hier in Szene gesetzt. Untermauert wird es von der Völkerkunde, die herausgefunden hat, daß der Afrikaner sich nur von der Gruppe her definiert, während wir Individuen sind. Von der Gruppe her definiert heißt aber dann, ohne Gruppe ist er ein Nichts – also hat das mit der Masse offensichtlich seine Richtigkeit?

Bei all diesen Bildern, bei den „wissenschaftlich fundierten" Aussagen, ständig wiederholt in Fernsehberichten und Zeitungsartikeln, ist es kein Wunder, wenn Abwehr aufkommt und Angst. Wer möchte sich denn gerne in die Ecke drängen lassen? Und das ist genau die Funktion solcher Bilder und Begriffe: Die Angst zu schaffen vor der „hereinbrechenden Asylantenflut", die uns angeblich unseren Lebensraum nimmt, unsere Wohnungen, unser vertrautes Stadtviertel. Diese Angst verhindert nämlich das Nachdenken über unsere Gesellschaft und die Zustände, die geändert werden müßten. Sie schafft Schuldige, Sündenböcke und lenkt davon ab, Reformen zu fördern, um berechtigte Bedürfnisse durchzusetzen. Denn:

- Warum gibt es zu wenig bezahlbare Wohnungen?
- Warum werden Stadtviertel durch Schicki-Micki-Läden, Parkhäuser, schnelle Straßen und Luxus-Appartements entvölkert und andere Straßen zum Ghetto für die, die die hohen Mieten nicht zahlen können?
- Gibt es nur deshalb nicht genug Kindergartenplätze, weil so viele Aussiedler und Flüchtlinge sie besetzen?

Wer sich hier nicht verschaukeln läßt, sondern versucht, gegen diese Stimmungen und Bilder anzugehen, der muß seinen Verstand einschalten und die gängigen Aussagen zu den Bildern kritisch überprüfen: Überbevölkerung - Überfremdung - Asylantenflut - Tragfähigkeit des Ökosystems - überschüssige Bevölkerung . . . Was steckt dahinter und wer hat es definiert?

Zahlen sind dabei keine große Hilfe. So ist z. B. jedes in England geborene Kind Engländer. Meine Vettern, in der dritten Generation in Deutschland, sind Holländer, also Ausländer, obwohl sie längst kein Niederländisch mehr sprechen können.

Da werden Bevölkerungsprogramme gestartet, um mit hohen Kosten und teilweisem Zwang die Geburtenzahlen in den Dritte-Welt-Ländern zu senken. Diese von uns „uneigennützig" finanzierten Programme, angeblich die Voraussetzung für jegliche Entwicklung dieser Länder, stoßen auf den Widerstand der Menschen dort. Entspringt dieser Widerstand immer der „Dummheit" oder „Potenzsucht" der Afrikaner oder Inder oder der Arroganz der schwarzen Oberschicht?

Die afrikanische Umweltorganisation ENDA gibt dazu zu bedenken: „Eine Politik, die primär darauf ausgerichtet ist, die Anzahl der Geburten zu reduzieren, dient meist als Alibi dafür, die viel größeren Probleme nicht angehen zu müssen. . . . denn häufig ist Überbevölkerung nicht Grund, sondern Folge einer Umweltzerstörung." [5]

Angst machen gilt nicht, kann man dazu nur sagen. Wir brauchen einen kühlen Kopf, um Lösungen - vielleicht auch unbequeme - für die Probleme in unserer Einen Welt zu finden.

Die Weltbevölkerung

	Fläche in 1000 qkm	Einwohner in 1000	Einwohner pro qkm
Welt	135.793	5.112.000	38
Europa	10.532	705.000	67
Deutschland	357	76.970	216
Afrika	30.307	610.000	20
Amerika	42.060	702.000	17
Nordamer.	19.349	269.425	14
Asien	44.385	3.069.000	69
Australien u. Ozeanien	8.509	26.000	3

* davon ca. 5,4 Mio Ausländer, von denen ca. 3,2 Mio schon mehr als 10 Jahre in Deutschland leben. Ausländer ist, wer nicht die deutsche Staatsangehörigkeit besitzt (GG) (6)

Asylsuchende – Aufteilung nach Herkunftskontinenten

aus:	1980	1982	1984	1986	1988	1990
Europa	65.809	15.264	11.553	25.164	71.416	101.631
Amerika	217	140	86	142	316	402
Afrika	8.339	6.885	5.868	9.486	6.548	24.210
Asien	31.998	13.274	16.849	56.575	23.006	60.900
Staatenl.	1.455	1.860	922	8.283	1.790	5.920
Summe	107.818	37.423	35.278	99.650	103.076	193.063

Die Zuzugszahlen werden nach Anträgen ermittelt. Dabei wird nicht unterschieden, ob es sich um Anträge von neu angekommenen Flüchtlingen handelt oder um Anträge von bereits hier lebenden Flüchtlingen wie z.B. Folgeanträge, Anträge auf Familienzusammenführung, Anträge von Kindern unter 16 Jahren. [7]

Zahl der aufgenommenen Flüchtlinge die nach den Kriterien der Genfer Konvention am 1.1.1986 anerkannt wurden.

	Zahl der Flüchtlinge	Anteil an der Gesamtbevölkerung der Länder
Somalia	700.000	13,46 %
Burundi	267.500	5,80 %
Iran	2.300.000	4,73 %
Sudan	1.164.000	3,61 %
Pakistan	2.702.500	2,80 %
Schweden	90.600	1,09 %
Schweiz	30.600	0,49 %
Belgien	36.600	0,37 %
Frankreich	174.200	0,31 %
England	135.000	0,24 %
BRD	134.000	0,21 % [8]

Ausländeranteil in % der Bevölkerung (incl. Flüchtlinge)	
Israel	39,1 %
Australien	20,8 %
Kanada	16,9 %
Schweiz	15,5 %
USA	9,6 %
Belgien	9,1 %
Frankreich	8,0 %
Deutschland	7,0 %
Österreich	6,6 %
England	6,1 % [9]

III. Wirkungen des Rassismus

WIR WERDEN NICHT ALS RASSISTEN GEBOREN.
Zur gesellschaftlichen und individuellen Funktion des Rassismus.

Wenn das kein Gag ist: Münzen statt – Menschenfresserin! Jedes Geldstück verschwindet blitzschnell im gierigen Mund dieser „Negerin", wenn man hinten an einem Hebel zieht. Ein Museumsstück aus den kolonialen Zeiten.
Die ersten Nachbildungen sind schon in den Nostalgie-Shops zu kaufen. Und so kommen mit den alten Objekten auch die alten Einstellungen zurück.

„Der Rassismus in Europa nimmt zu"; „Die Deutschen führen bei Vorurteilen"; „Diffuse Ausländerfeindlichkeit", melden die Schlagzeilen in den letzten Monaten.

Doch Rassismus ist keine abstrakte Größe wie „Wirtschaftswachstum" oder „Pro-Kopf-Verschuldung" - zum Rassismus gehören Menschen und zwar ganz konkret: Opfer und Täter.

Wenn wir versuchen, das Porträt eines „typischen deutschen Rassisten" zu zeichnen, kommen wir in Schwierigkeiten. Das Klischee: trostlose Neubausiedlung, schwere Kindheit, soziale Randgruppe, keine Arbeit . . . trifft nur auf wenige zu, einige der brutalen Täter bei Überfällen lassen sich hier ‚einordnen'. Doch die Vermieter, die sich weigern, Ausländern eine Wohnung zu geben oder Politiker, die mit ihren Stellungnahmen erst das Klima für Ausschreitungen schufen, gehören sicher nicht zu sozialen Randgruppen. Ist also die Frage nach dem Porträt des Rassisten oder nach den sozialen Ursachen, die Menschen dazu machen, illusorisch? Aber genau um diese Fragen kommen wir nicht herum, wenn es darum geht, Verhalten zu verstehen - und zu ändern.

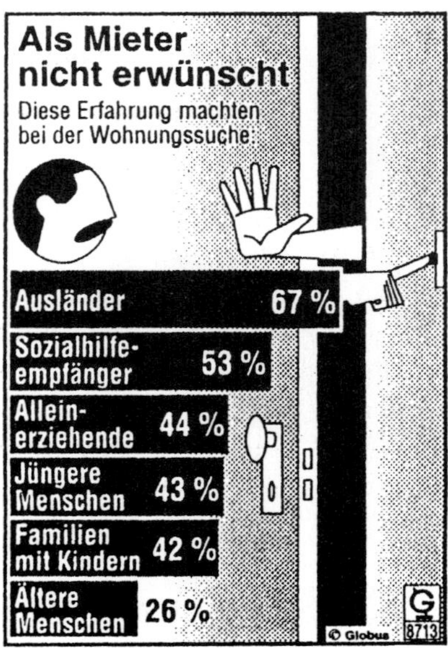

Doch die Antworten werden sehr viel vorsichtiger ausfallen, als sie die Wenn-Dann-Psychologie der Schlagzeilen und Stammtisch-Analysen nahelegt.

Rassismus ist ein gesellschaftliches Phänomen

Es ist ein Unterschied, ob ich denke, daß dicke Menschen unbeherrscht sind und glaube, rothaarige Frauen seien besonders sexy, oder ob ich meine, daß Juden geldgierig und skrupellos, die Türken gewalttätig und Neger unzivilisiert und dumm seien. Ersteres sind Vorurteile, letzteres ist Rassismus. Sehen wir uns diese Unterschiede näher an: Ängste, Vorurteile und Klischeevorstellungen von Fremden oder anders aussehenden Menschen sind ein allgemein menschliches Phänomen. Solche Bilder, die Menschen sich von Fremden machen, sind ein Spiegel ihrer eigenen Wünsche und Ängste. Aber erst, wenn sie von der Gesellschaft benutzt werden, um Herrschaft zu begründen, wenn sie geprägt, gebraucht und in die die gewünschte Richtung gelenkt werden, dann handelt es sich um Rassismus. Albert Memmi nennt in seinem Buch über Rassismus die Elemente, die aus Vorurteilen Rassismus entstehen lassen:

- die Hervorhebung von Unterschieden
- die Wertung dieser Unterschiede
- der Gebrauch dieser Wertungen im Interesse des Wertenden, insbesondere zur Legitimierung von Macht und Privilegien. [1]

So können die Vorurteile gegenüber rothaarigen Frauen für die Betroffene zwar im Einzelfall zu unangenehmen Situationen führen, doch wird man sie nicht benutzen, um diese Frau gesellschaftlich auszugrenzen oder gar Gewalt gegen sie zu rechtfertigen.

Die Bilder und Ängste vor den Schwarzen, den *Negern*, die jetzt alle herkommen, um sich ein gutes Leben zu machen, die wild, dumm und sexuell überaktiv sind, so daß man sich nicht mehr traut, abends allein über die Straße zu gehen . . . diese Vorurteile legitimieren dagegen Angriffe auf Flüchtlingswohnheime, die Verschärfung des Asylrechtes, die Ausgrenzung von schwarzen Kindern. . . .

Die Vorurteile gegenüber Afrikanern können nicht isoliert betrachtet werden. Sie gehören – wie die Vorurteile gegenüber Frauen (Sexismus) gegenüber Juden (Antisemitismus), gegenüber Türken, gegenüber Homosexuellen, gegenüber . . . in den großen Zusammenhang gesellschaftlicher Unterdrückung. „Die Ausbeutung von Menschen wird vornehmlich mit Hilfe von Vorurteilen bewerkstelligt" [2] hat Alexander Mischerlich einmal ausgeführt. Es ist gut, Sündenböcke zu haben „Schein-Asylanten", Aussiedler, die unsere Wohnungen, Türken, die unsere Arbeitsplätze wegnehmen . . . Ihnen kann die Schuld an gesellschaftlichen Mißständen in die Schuhe geschoben werden. So wird verhindert, daß die Betroffenen sich wehren, nach Ursachen fragen und z.B. mehr Wohnungen und Kindergartenplätze, eine gerechtere Verteilung der Arbeit und der Gewinne . . . fordern. Der Sündenbock-Mechanismus bindet Unruhe- und Protestpotentiale, läßt Aggressionen abfahren, ohne daß sie die Herrschenden treffen, denn geschlagen und in die Wüste geschickt wird ja der Sündenbock. Wer das jeweils ist, wird gesellschaftlich festgelegt und kann mit den Jahren oder der Gruppe wechseln, der Mechanismus aber bleibt.

Sündenbock. Am ↗Versöhnungstag legte der Hohepriester einem Ziegenbock die Hand auf u. übertrug auf ihn mit einem Bekenntnis die Sünden des Volkes. Dann jagte man den S. in die Wüste. pa

---

Betrachten wir doch einmal die Situation in Deutschland- im Herbst 1991, ein Jahr nach der Vereinigung. Für viele bedeutet das: Angst um die Wohnung und den Arbeitsplatz, ein immer größeres Wohlstandsgefälle, Einsparungen bei sozialen Leistungen, Steuererhöhungen und das Gefühl, mit falschen Versprechungen betrogen worden zu sein. Dazu kommt noch der Wegfall des Feindbildes „Kommunisten". Ist es da ein Wunder, daß sich aufgestaute Enttäuschung und Wut entladen muß? Da ist es doch „gut", jemanden zu haben, der all das abbekommt, ohne daß sich gesellschaftlich etwas ändern muß. Und so

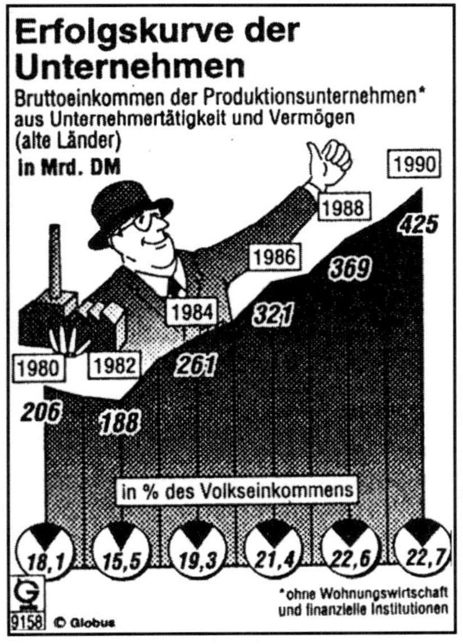

Die außergewöhnliche Zunahme der Unternehmergewinne wird nicht wahrgenommen. Stattdessen gibt es andere „Schuldige", so wie es in einem Leserbrief erklärt wird:
„Man kann es dem Steuerzahler nicht länger zumuten, daß er zusehen muß, wenn Wirtschaftsflüchtlingen, die nur ‚Asyl' zu sagen brauchen, aufgenommen und versorgt werden, während er sein Leben lang von seinem erarbeiteten Lohn das soziale Netz unseres Landes unterstützen mußte. Bei steigender Arbeitslosigkeit, durch Schließung von Zechen und Fabriken, werden die Asylanten wohl kaum Arbeit finden. Auch bei uns im Land gibt es genug Armut. An allem muß gespart werden, an Kindergärten, Schulen, Krankenhäusern, bei den Krankenkassen . . ."

wird in der Politik und in den Massenmedien um den „Asylmißbrauch" und das Asylrecht diskutiert, als ginge es um unser Leben. Und gleichzeitig sind Fragen der sozialen Gerechtigkeit, der falschen Versprechungen vor der Vereinigung, der Bereicherung einiger weniger, der Verschuldungskrise und der ökologischen Probleme weltweit für den Großteil der Bevölkerung kein Thema. Dazu kann man nur sagen: einfach praktisch, diese „Asylantenschwemme" genau in diesem Moment!!

Und für den Einzelnen, der gerade erfahren muß, daß er in unserer Zweidrittelgesellschaft immer mehr nach unten rutscht, ist es auch „gut", jemanden zu haben, der ganz eindeutig unter ihm steht, auf den er herabsehen kann. ‚Ich bin wer' – einfach aufgrund meiner Hautfarbe, aufgrund meiner Zugehörigkeit zu ‚dieser unserer großen Nation' – auch wenn ich in unserer Gesellschaft nur ein kleines Rädchen bin, ich bin immer noch mehr als diese . . . Zigeuner . . . Türken . . . Neger . . . .

Dieses Phänomen ist keineswegs nur auf Deutschland beschränkt. Auf das hohe Ausmaß von Fremdenhaß und rassistisch motivierten Ausschreitungen in der Schweiz hat dieser Tage der Flüchtlingsdelegierte der Regierung in Bern, Peter Arbenz, aufmerksam gemacht. Die Ursache der wachsenden Fremdenangst sieht eine sozialwissenschaftliche Studie der Universität Zürich nicht in dem hohen Ausländeranteil von 16 Prozent, sondern „viel eher in einer Identitätskrise der Schweizer Bevölkerung.“ Eine allgemein verbreitete Verunsicherung über neue Entwicklungen im eigenen Land und über dessen Stellung in einem neu zu ordnenden Europa sind laut der Züricher Studie die wahren Gründe für die Angst. Der Schweizer Flüchtlingsrat deutet das so: „In dieser Verunsicherung über uns selbst verschaffen wir uns Klarheit und Sicherheit, indem wir die Ausländer für unsere Probleme verantwortlich machen.“ [3]

Diese Stabilisierung des eigenen Selbstwertgefühles ist eine der wichtigsten Funktionen von Vorurteilen. Sie bringt uns auf die individuellen Aspekte des Themas.

Rassismus ist aber auch ein individuelles Problem.

Die Frage, wie ein Mensch rassistisch wird und vor allem, was man dagegen tun kann, hat die Sozialwissenschaftler schon seit Jahrzehnten beschäftigt. Die Erfahrungen in den USA mit den hautnahen Rassenproblemen zwischen Schwarz und Weiß und das reibungslose Funktionieren des Vernichtungs-Systems „Antisemitismus“ im Nazi-Deutschland führten dazu, daß sich schon in den 40er Jahren in den USA und in England viele Forscher mit diesem Problem beschäftigten. In klugen Experimenten und Befragungen, durch die Arbeit mit unterschiedlichen Gruppen und durch die Analyse von gesellschaftlichen Randbedingungen fanden sie Zusammenhänge heraus, die noch heute die Grundlage für das Verstehen von Vorurteilen bilden. Die Untersuchungen Allports, einer der führenden Sozialwissenschaftler in den USA, machten deutlich, daß es einen engen Zusammenhang gibt, zwischen dem sogenannten *autoritären Charakter* und der Bereitschaft, Vorurteile anzunehmen. Menschen mit einem autoritären Charakter kommen aus einem Elternhaus mit einer stengen, harten Fa-

Da lacht das Herz eines jeden Schulkindes; Diesem dummen Negerjungen muß der (etwa gleichaltrige) Tim sogar zwei-plus-zwei beibringen - bei uns weiß das jeder Vierjährige! Und Struppi der Hund, darf den Aufpasser machen! Tim und Struppi nehmen es mit wilden Häuptlingen und gefährlichen Medizinmännern auf und zeigen ihre koloniale Überlegenheit. Der Klassiker ist 1930/31 erschienen und wurde 1989 zum 15. Mal aufgelegt.

milienatmosphäre. Dort wird auf Gehorsam bestanden, streng auf Wohlverhalten geachtet und die autonomen Impulse des Kindes unterdrückt. Menschen, die aus solch einem Erziehungsfeld kommen, haben eine geringe Selbstsicherheit und benutzen das Denken in Freund/Feind- Bildern, um diese Unsicherheit und Angst abzuwehren und sich besser in dieser für sie komplizierten Welt zurechtzufinden. [4]

Lida van den Broek, die seit über 10 Jahren in Amsterdam als Ombudsfrau für die Interessenvertretung von „AusländerInnen" arbeitet und mit Erfolg antirassistische Workshops durchführt, beschreibt, wie eine Erziehung zum Rassismus aussehen kann: [5]

Jedes Kind muß erfahren, daß es Mächtige und Ohnmächtige gibt und daß es selbst meist zu den Ohnmächtigen gehört. Eltern, Kindergärtnerinnen, Erwachsene im Geschäft, größere Kinder gehören zu den Mächtigen und nur zu oft wird es in seinen eigenen Bedürfnissen übergangen oder zu Dingen gezwungen, die es nicht will. ‚Wir wollen ja nur dein Bestes!' heißt es dann und dem kleinen Kind bleibt nichts anderes übrig, als sich zu fügen und es letztlich auch noch zu glauben. Indem es lernt, daß die anderen bestimmen und wissen, was ‚sein Bestes' ist, entsteht in ihm das Bedürfnis, auch irgendwo der/die Überlegene zu sein, eigene Machtpositionen zu schaffen. Kriegt der Zweijährige „auf's Händchen gehauen", weil er immer wieder an die Schallplatten geht, so wird er die Szene mit seinem Kuschelbären nachspielen - doch diesmal ist ER derjenige, der haut! Die kleine Schwester, jüngere Kinder im Kindergarten, die Erstklässler folgen als Opfer. In der Schule ist das Ausmaß der Unterdrückung und Frustration dann noch viel umfassender. So wird das *System Unterdrückung* gelernt.

Die Unterdrückung kindlicher Bedürfnisse gräbt tiefe Spuren ein und hinterläßt einen Berg emotionaler Frustrationen. Die dürfen dann an anderen, Schwächeren abreagiert werden und es stehen gesellschaftlich akzeptierte Opfer zur Verfügung: die Türkenkinder aus dem Hochhaus, das Kind, das anders aussieht, weil es aus Sri Lanka oder Afrika kommt, das „Zigeunerkind" . . . und all diese Kinder stinken, sind dumm, mit denen spielt man nicht . . .

Die Anpassung des Kindes an das System der Unterdrückung resuliert aus der Notwendigkeit zu überleben und ist der verzweifelte Versuch, das eigene Selbstwertgefühl und die verlorene Macht zurückzugewinnen. Sie beruht keineswegs auf einer freien Entscheidung des Einzelnen.

Schuldzuweisungen sind deshalb in der Anti-Rassismus-Arbeit fehl am Platze. Absolute Unschuld und volle Verantwortung sind die Prinzipien der Strategie zum Abbau von Vorurteilen.

Vorurteile werden gelernt

Eine Grundlage für Rassismus ist also die Unterdrückung, die das Kind erfährt. Dazu kommen noch verschiedene Bausteine der Erziehung zum Rassisten, denn „Vorurteile werden durch den Kontakt mit Vorurteilen und nicht durch den Kontakt mit den Gegenständen der Vorurteile geweckt." [6]

Das Kind lernt also die Vorurteile der Eltern und Erzieher, lernt, ob gerade die Juden, die Russen, die Türken oder die Neger als Objekt für Haß und Aggressionen freigegeben sind. Und es lernt, welche Vorstellungen mit den Begriffen „Neger" oder „Jude" verbunden werden.

Eine Arbeitsgruppe der Klasse 10 des Bremer „Alten Gymnasiums" faßte die gängigsten Vorurteile für eine schulinterne Ausstellung zusammen:

" FAULER NIGGER "

" Neger sind keine Menschen,
sie sind dumm,primitiv,dreckig,ungebildet und brutal."

Durch Vorurteile - das Ab - Werten und Aus-Grenzen von "den anderen" wird die eigene Gruppe wertvoller und besser, wird das Wir-Gefühl der eigenen Gruppe gestärkt .Konflikte innerhalb dieser Wir-Gruppe werden heruntergespielt denn es gilt zusammenzustehen gegen den Feind.Die unterdrückten Aggressionen werden auf die ANDEREN, die die Gesellschaft dafür "freigegeben" hat,gelenkt.Vorurteile gegenüber Farbigen können nicht isoliert betrachtet werden: Vorurteile gegenuber Juden (Antisemitismus),gegenüber Ausländen,Homosexuellen usw.gehören in den großen Zusammenhang gesellschaftlicher Unterdrückung,denn die Ausbeutung von Menschen wird vornehmlich mit Hilfe von Vorurteilen bewekstelligt.

Wie entstanden diese Vorurteile?
Sie wurden zur Rechtfertigung von Sklaverei und Kolonisation(Besetzung fremder Länder) benutzt.Um eine Rechtfertigung für die Besetzung dieser Gebiete zu haben wurden die Vorurteile benutzt.

Was bringen uns diese Vorurteile?

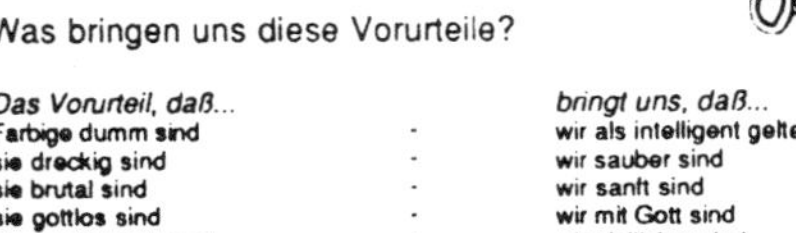

Das Vorurteil, daß...		*bringt uns, daß...*
Farbige dumm sind	-	wir als intelligent gelten
sie dreckig sind	-	wir sauber sind
sie brutal sind	-	wir sanft sind
sie gottlos sind	-	wir mit Gott sind
sie unzivilisiert sind	-	wir zivilisiert sind

Durch diese Beispiele kann man sehen, wie Vorurteile benützt werden, um das Selbstwertgefühl zu steigern oder um die Unterdrückung der Farbigen zu rechtfertigen.
Schon in der Kindheit werden Vorurteile in Schule und Elternhaus(Kinderbücher etc.) aufgenommen. Das Kind lernt schon bald ,wenn es selbst unterdrückt wird , seine Aggressionen auf noch Schwächere zu übertragen(sind in diesen Fällen meist Minderheiten).

Um einen Überblick über verschiedene Vorurteile in verschiedenen Medien zu haben ,ist diese Tabelle angelegt

Fernsehen	Werbung	Bücher (Romane)	Kinderbücher / Comics
			dicke Lippen
Diener	Diener	gefährlich	verspielt
brutal	potent	unheimlich	lustig
primitiv	primitiv	untertänig	primitiv
arm	kannibalisch		dick
skrupellos	gesund		gemütlich
kriminell	musikalisch		dumm
sportlich	sportlich		aggressiv
kinderreich	ähhtetisch		
potent			

Wie aus dieser Tabelle zu ersehen ist,werden uns in allen Medien Vorurteile vermittelt.Wir können uns diesen kaum entziehen, da sie überall vorhanden sind.Es wird immer etwas von diesen Vorurteilen an uns hängen,und wir können nur für uns hoffen,daß wir vernünftig genug sind um mit diesen Vorurteilen richtig umzugehen

Sebastian Link, Jan Flöter ,Alexander Jafari

Ein Beispiel für diese gezielten Falschinformationen ist der Kannibalen-Mythos. In der Realität konnte nirgendwo Kannibalismus nachgewiesen werden – doch in unserer Bilderwelt wimmelt es nur so von finsteren Gestalten mit Knochen im Haar, Speer und Kochtopf!

Schauen wir uns diese Bausteine des Lernprozesses doch einmal genauer an:

Systematisch falsche Information

● Überall tauchen die gleichen Bilder, Aussagen, Witze über das Objekt der Vorurteile auf. Wenn systematisch von allen Seiten und immer wieder dieselbe Botschaft verkündet wird, kann sich niemand ihrem Einfluß entziehen.

Sie wird dann, wenn auch vielleicht widerstrebend und zögernd angenommen - wie z. B. „die armen, hungernden Negerkinder" oder „der böse, gefährliche schwarze Mann." So ist es nicht verwunderlich, wenn Grundschulkinder bereits wissen, wie „die Afrikaner" sind und wie es in Afrika aussieht. Bei Nachfragen können sie dann von Fernsehfilmen über seltsame Zauberriten, Dürrekatastrophen oder wilde Tiere und schwarze Wilderer erzählen. Vereinzelte Filme, die differenziert über den Kinderalltag in Afrika berichten, können gegen die Masse der anderen Bilder nichts ausrichten!

Vorbilder vermitteln Vor-Bilder

● Kinder befinden sich in einer sehr abhängigen Position und erhalten diese Informationen von Menschen, die sie lieben wie z.B. den Eltern, der Lehrerin, der netten Nachbarin, dem Pastor . . . Sie sind daran gewöhnt, diesen Menschen zu glauben und übernehmen auch die Vorurteile ohne nachfragen zu können. Bestärkt wird das alles durch die scheinbar objektiven Informationen der Schulbücher und des Fernsehens - welches Kind will da schon zweifeln!

Auch die von den Vorbildern (Eltern, LehrerInnen etc.) unbewußt vermittelten Informationen gehören zum Lernprozeß des Rassismus. Dazu zählen insbesondere non-verbale Mitteilungen, die oftmals sogar der verbalen Information widersprechen. Zwei Beispiele: Ein kleines deutsches Mädchen möchte ihren türkischen Mitschüler zum Geburtstag einladen. Als sie diesen Wunsch äußert, haben die Eltern scheinbar nichts dagegen - nur am Gesichtsausdruck der Mutter stellt das Mädchen fest, daß irgend etwas nicht stimmt - und ist verwirrt und verunsichert. Vielleicht war das doch keine so gute Idee, den Kemal einzuladen . . .

In der U-Bahn sieht ein Kind zum ersten Mal einen „schwarzen" Menschen. Es ist erschrocken und fasziniert, zeigt auf den Schwarzen und fragt laut den Vater, warum dieser Mensch so komisch aussieht. Der peinlich berührte Vater verbietet dem Kind den Mund, denn „so was fragt man nicht". Das Kind fühlt sich gedemütigt und bestraft und verbindet dieses unangenehme Gefühl mit seinem ersten Kontakt zu einem Schwarzen. Wahrscheinlich wird es unbewußt versuchen, solch konfliktiven Situationen - und damit weitere Kontakte zu Schwarzen - künftig zu vermeiden.

Systematisch einseitige Information.

● Die ersten Bilder, die ein Kind über Afrika vermittelt bekommt, sind Katastrophenbilder: Hunger, Dürre, Flüchtlingselend, Tod. Ein kleines Kind, das bisher nur seine begrenzte Welt kennt, wird mit Bestürzung auf diese Bilder reagieren. Und die wirren Gefühle des Entsetzens, des Mitleids und der Hilflosigkeit, die sie beim Kind auslö-

Kulleraugen, Ohrringe, Baströckchen - Kinder lernen, wie Afrikaner aussehen.

sen - gemischt mit Angst, weil die Welt wohl doch nicht so ist, wie es bisher dachte - werden mit den Informationen über die fremden Länder und Menschen verbunden. Eine besondere Rolle spielt dabei das Fernsehen. Schon kleine Kinder werden mit solchen Schreckensbildern konfrontiert - etwa wenn sie die Nachrichten oder die aktuelle Berichterstattung beim Abendbrot mitbekommen. Sie können nicht relativieren (dort ist Bürgerkrieg, aber woanders in Afrika sieht es ganz anders aus) und die apathischen Hungergestalten werden ihr Bild von Afrika bestimmen. Auch die Großfotos zur Spendenwerbung, Aktionen der Kirchen, Hilfswerke und Schulen haben da oft eine unglückliche Wirkung.

Keine heile Kinderwelt - Was Kinder über „Fremde" denken

Wie sehr die gewollt oder ungewollt vermittelten negativen Informationen, Bilder und Wertungen die Einstellung von Kindern im Vor- und Grundschulalter gegenüber anders aussehenden, „fremden" Kindern prägen, haben zwei Untersuchungen gezeigt.

Ein Experiment, daß vor kurzem in einigen britischen Schulen durchgeführt wurde, zeigte, wie das Klischee vom verhungernden Kind, mit dem so oft in Anzeigen um Spenden für die Dritte Welt geworben wird, die Vorstellung, die sich Kinder von ihren Kameraden in fernen Ländern machen, aufs stärkste beeinflussen . . . .

Kinder im Alter von 10 bis 11 Jahren sollten Assoziationen zu bestimmten Begriffen äußern (ohne daß vorher darüber diskutiert wurde.) Wenn sie an *Afrika* dachten fielen die folgenden Begriffe:
Kinder dort waren: schmutzig, hungrig, arm, dürr, dünn
Nahrung war: nicht viel, knapp, furchtbar
Häuser waren: aus Stroh, Lehm, Stöcken, Holz
Kleidung: waren: Tierhäute, schmutzig, durchlöchert, zerlumpt
Leute waren: arm, dünn und krank
Musik war das einzige, was etwas fröhlicher wurde:
die Assoziationen waren hier Trommeln und Singen. [7]

Von der Kirmes mitgebracht - solch ein „Negerpüppchen" hatte wohl jedes Mädchen in den 60iger Jahren.

Der Bremer Hochschullehrer Rudolf Schmitt hat mit einer Arbeitsgruppe vom Januar 1974 bis zum Januar 1975 die Einstellung von fünf bis siebenjährigen Kindern untersucht. Dabei wurden die gleichen Kinder über diesen Zeitraum hin mehrmals befragt. Es zeigte sich dabei, daß die negativen Einstellungen gegenüber beispielsweise „Ausländern" oder „Afrikanern" zunehmend härter werden, wenn man die Kinder sich selbst überläßt. Von einer milderen Form der Ablehnung bei den jüngeren Kindern geht der Trend zur massiv handlungsorientierten Absage bei Älteren.

Antworten waren z.B. (beim gleichen Kind):

Januar 1974 Voruntersuchung	April 1974 Nachuntersuchung	Januar 1975 Nach-Nachuntersuchung
Themenbereich: Afrikaner		
Möchtest du ein Negerkind sein?		
❑ Nein, weil es so schwarz ist.	❑ Nein, das ist so blöd.	❑ Nein, dann jagen sie mich vom Spielplatz weg.
Wenn ein Kind mit schwarzer Hautfarbe mit mir spielen will, . . .		
❑ schimpft die Mutter.	❑ haue ich's.	❑ dann spiele ich nicht mit dem.
Wenn mir ein Neger begegnet, . . .		
❑ muß ich ihn begrüßen.	❑ muß ich mir die Hände waschen.	❑ sage ich: „Nein".

Möchtest du ein Negerkind sein?

❑ Nein, die haben nie etwas zu essen.

❑ Nein, weil da so viele Fliegen sind.

❑ Nein, weil da öfter Krieg ist.

Wenn mir ein Neger begegnet,. . .

❑ können sie ihm Brot geben.

❑ schießt er mich tot.

❑ hat er eine Pistole.

❑ habe ich Angst.

❑ denke ich, der ist schmutzig.

Warum äußern sich fünf- bis siebenjährige Kinder bereits derart negativ? Wo liegen die Wurzeln für diese Vielfalt ablehnender Antworten?

Prof. Schmitt erklärt dazu: „Neben den engen, normativen Vorstellungen der erwachsenen Bezugspersonen, insbesondere der Eltern, deren Gespräche die Kinder ganz beiläufig mithören, sind es vor allem die Medien der Meinungsbildung - Fernsehen, Zeitungen, Illustrierten, Bilderbücher, Comics -, deren klischeehafte Darstellung andersartiger Menschen sich in den Antworten der Kinder widerspiegelt."

Daß diese Entwicklung nicht zwangsläufig sein muß, zeigen die Ergebnisse des Projektes „Soziale Erziehung in der Grundschule" mit den Schwerpunkten Toleranz, Kooperation, Solidarität. Ein Jahr, nachdem dieses Projekt durchgeführt wurde, äußerten Kinder beispielsweise:

Wenn ein Kind meine Sprache nicht sprechen kann, . . .

- ❑ zeige ich's ihm mit den Fingern.
- ❑ mach' ich einfach ein Zeichen.
- ❑ hätte ich es ihr gelernt.
- ❑ dann helf' ich ihm immer.
- ❑ spiele ich mit ihr.
- ❑ dann spielen wir mit dem.
- ❑ lernt man es ihm.

Wenn ein Kind mit schwarzer Hautfarbe mit mir spielen will,. . .

- ❑ dann möchte ich das auch.
- ❑ laß' ich's mitspielen.
- ❑ sage ich „ja".
- ❑ hätte ich's probiert.
- ❑ soll es zu mir kommen.
- ❑ spielt es mit uns. (8)

Dieser Erziehung zum Rassismus sind wir alle mehr oder weniger unterworfen gewesen. Es kann spannend sein, in den eigenen alten Schulbüchern oder in der Kiste mit Puppen und Bilderbüchern herumzustöbern und dort den „10 kleinen Negerlein" und den „armen Heidenkindern" wiederzubegegnen, die unser Bild von Afrika mitgeprägt haben.

Viele engagierte Erwachsene stellen im Kontakt mit AfrikanerInnen fest, daß sie befangen sind, in Situationen ganz irrational reagieren und daß es ihnen nicht gelingt, einen offenen, partnerschaftlichen Kontakt zu Schwarzen aufzubauen, so wie sie es eigentlich möchten. Im Gespräch miteinander haben sie dann oft gemerkt, daß es konfliktbeladene Erlebnisse und Gefühle aus der Kindheit waren, die dem erwachsenen, freundschaftlichen Miteinander im Wege standen. [9]

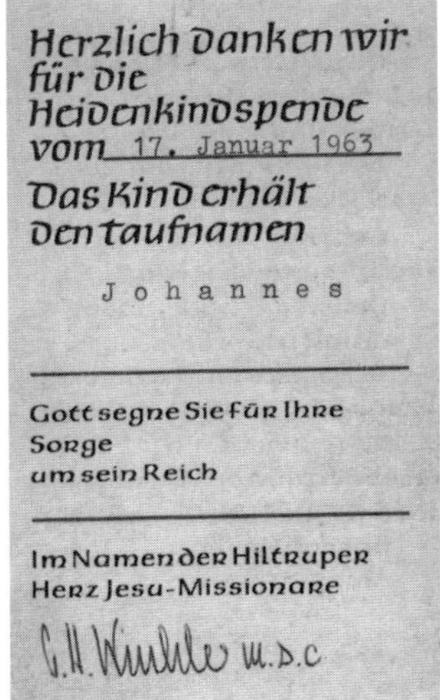

Herzlich danken wir für die Heidenkindspende vom 17. Januar 1963

Das Kind erhält den Taufnamen

Johannes

Gott segne Sie für Ihre Sorge um sein Reich

Im Namen der Hiltruper Herz Jesu-Missionare

G. H. Winkler M.S.C

Früher sammelten ganze Schulklassen Geld, um „Heidenkinder zu kaufen". Wer 21 DM zusammengespart hatte und an ein Missionswerk schickte, durfte den Taufnamen aussuchen - und ein afrikanisches Heidenkind konnte getauft werden. Als Dank bekam man dann solch ein Foto und eine Urkunde, die stolz herumgezeigt wurde.

Eis-
Neger
mit Fettglasur
2.–

WIE LASSEN SICH VORURTEILE ABBAUEN?

Die spontane Solidarität von Kindern aller „Rassen" ist leider nur ein Traum

Wer festgestellt hat, in welchem Maße rassistische Bilder unseren Alltag bestimmen und dazu noch merkt, daß er selbst rassistische Überreste im Kopf hat, wird betroffen überlegen, was man denn nun dagegen tun kann. Angesichts der Verflechtung von individuellen und gesellschaftlichen Interessen, die zum System Rassismus gehört, und angesichts der komplexen Lerngeschichte von Vorurteilen ist diese Frage gar nicht so einfach zu beantworten. Um trotz all dieser Schwierigkeiten den Kampf überhaupt aufzunehmen, ist es wichtig, sich klar zu machen, daß es auch in unserem eigenen Interesse liegt, den Rassismus zu überwinden. Wir – als Bewohner des reichen Nordens – profitieren zwar auf der materiellen Ebene davon, indem wir damit die Ausbeutung legitimieren, doch die Kehrseite des Systems Rassismus ist die Enge der individuellen Ängste und Blockaden, die Befangenheit und Unsicherheit dem Anderen, dem schwarzen Menschen gegenüber. *Auch für uns ist es daher eine Befreiung, wenn der Rassismus überwunden wird.*

Ein „aufopfernder" Kampf für die Unterdrückten, ein bloßes „Helfenwollen" aus Mitleid, führt dagegen schnell in die Sackgasse. Als Betroffener legt der schwarze Theologe Basil Moore seine Sicht von Solidarität dar: „Wie die meisten unter uns bin ich bereit, einem Mann, der für sich selbst und seine eigene Freiheit kämpft, zu vertrauen und ihm beizustehen, wenn ich weiß, daß seine Freiheit mit der meinen verknüpft ist. Einem Mann, der nur für mich kämpft, kann ich nicht uneingeschränkt vertrauen, denn ich muß befürchten, daß er früher oder später des Kampfes überdrüssig wird." [1]

Doch wie kann man nun konkret gegen rassistische Bilder und Äußerungen angehen? Um Vorurteile abzubauen, genügt es nicht, sie zu widerlegen. Es gehört ja gerade zum System dieser „Bilder in unseren Köpfen", daß sie hartnäckig trotz anderslautender Informationen weiterbestehen und daß sie unsere Wahrnehmung beeinflussen.

„In einem in den USA durchgeführten Experiment konnte gezeigt werden, wie stark das Neger-Stereotyp die Wahrnehmung von Menschen verändern kann. Einer Gruppe von Versuchspersonen wurde ein Bild gezeigt, das eine Untergrundbahnszene wiedergibt, in der zwei Passagiere - ein Weißer und ein Neger - miteinander sprechen. Der Weiße hält in seiner linken Hand ein offenes Rasiermesser. Die Aufgabe lautete nun, daß die Versuchsperson das Bild einer zweiten Versuchsperson, die das Bild nicht gesehen hatte, beschreiben sollte, diese wiederum einer dritten Versuchsperson usw. Dies wurde über eine Kette von sechs Versuchspersonen fortgesetzt. Das Ergebnis war, daß mehr als die Hälfte der letzten Versuchspersonen der Kette das Messer in der Hand des Negers lokalisierte. Einige der Versuchspersonen sagten sogar, der Neger ‚bedrohe' den Weißen mit dem Messer oder ‚schwänge' es. An dem Experiment wird deutlich, daß ein erheblicher Teil der Versuchspersonen das Bild oder die Erzählung ihres Vorgängers im Sinne ihrer Vorurteile unbewußt veränderte.

Übrigens trat diese Verfälschung der Wirklichkeit nicht auf, als man den gleichen Versuch mit Negern oder Kindern durchführte. Sie berichteten richtig, daß der Weiße ein Rasiermesser in der Hand hielt." (Allport/Postmann 1947).[2]

Trotzdem ist es wichtig, den systematisch falschen Informationen etwas entgegenzusetzen, denn sie sind ein wichtiger Baustein zum Erlernen von Vorurteilen (bei Kindern) und zum Bestärken von bestehenden rassistischen Bildern.

Doch allein mit Gegeninformationen, mit „richtigen" Bildern ist wenig auszurichten. Denn es sind ja gar nicht der Mangel an Wissen über den Anderen oder die konkreten (schlechten) Erfahrungen, die das Vorurteil haben entstehen lassen, sondern ganz bestimmte psychische Bedürfnisse des Menschen.

So wird auch eine weitere naheliegende Möglichkeit - Vorurteile durch Kontakte zu (netten, sympatischen) Afrikanern beispielsweise abzubauen, begrenzt durch die Stärke, mit der die Vorurteile in der Persönlichkeit des Menschen verankert sind. Es stellte sich beispielsweise bei Befragungen im Anschluß an ein Ferienlager, in dem weiße und farbige Kinder vier Wochen lang zusammenlebten, heraus, daß

die Meinung über die „anderen" Kinder keineswegs positiver geworden war. Die Hälfte der Kinder hatte ihre Meinung über die „andersfarbigen" Feriengenossen nicht geändert, ein Viertel der Kinder dagegen neigte dazu, noch vorurteilsbehafteter als zuvor über die anderen zu denken. Es waren vor allem die ängstlichen und aggressiven Kinder, die durch die Kontakte mit den „andersfarbigen" Kindern in ihrem Vorurteilsverhalten verstärkt wurden. Sie mußten die Begegnung mit den Objekten ihres Vorurteils als bedrohlich empfinden und reagierten mit Angst und Abwehr.[3]

Mit dieser Erfahrung im Blick werden manche Reaktionen auf die Bewohner von Flüchtlingsheimen verständlich, denen ja häufig – ohne daß es irgendwelche konkreten Streitpunkte oder Anlässe gegeben hätte – eine Welle der Ablehnung und Feindseligkeit entgegenschlägt.

Bis zu welchen Extremen das gehen kann, schildert der Fall eines jungen Landarbeiters aus Nizza, der im Mai 1989 einen tunesischen Einwanderer durch zwei Kopfschüsse aus seinem Jagdgewehr lebensgefährlich verletzt hatte. „Er habe seinem Opfer nur Angst machen wollen", versicherte der Angeklagte beim Prozeß unter Tränen. Sein Anwalt machte in seinem Plädoyer den „Ärger der kleinen Bauern" geltend, die seit dem Bau eines Fremdenheimes vor ihren Feldern „gezwungen" seien, neben Einwanderern zu leben. Und das reichte als Grund für einen Mordversuch ....[4]

Wer bei anderen – seien es seine Schüler oder die Besucher des Eine-Welt-Festes der Stadt – Vorurteile abbauen will, muß folgendes bedenken: „Das Vorurteil ist so stark mit der Gestaltung der Persönlichkeit verbunden, daß man es nicht mit der Pinzette herausziehen kann. Um Vorurteile zu verändern, muß das ganze Lebensmuster geändert werden."[5]

Doch das ist nicht die einzige Schwierigkeit, denn der Abbau von Vorurteilen ist nicht ausschließlich ein individuelles Problem. Gerade weil diese Einstellungen anderen Menschen gegenüber gesellschaftlich gestützt werden, weil sie von allen Seiten immer wiederholt und bestärkt werden, sind sie so schwer abzubauen. Sie erfüllen ja einen Zweck und wer dagegen angehen will, wer versucht, diesen „gesellschaftlich organisierten Täuschungsversuch"[6] zu durchbrechen, steht leicht als der Verlierer da.

Keiner wird es schaffen, auf allen Ebenen gleichzeitig zu arbeiten - doch beim Engagement gegen den Rassismus sollte das Wechselspiel und die Zusammenhänge zwischen persönlichem Hintergrund und gesellschaftlichen Strukturen im Blick bleiben - um Fehlschläge und Enttäuschungen besser verstehen zu können.

Was man gegen Rassismus tun kann – neun Vorschläge

❶ Spielen Sie im System der falschen Informationen nicht mehr mit!
Hinterfragen Sie Statistiken, Zeitungsartikel, Fernsehberichte und versuchen Sie, andere Informationen zu erhalten, um im Gespräch fundiert widersprechen zu können.

❷ Rassistische Bilder müssen verschwinden!
Sie erfüllen eine wichtige Funktion bei der Bestärkung von Vorurteilen und dienen Kindern als Beispiele im „Lernprogramm Rassismus."

Rassismus muß an den Pranger gestellt werden!
„Dieser Aufkleber ist über eine rassistische Äußerung geklebt" heißt es - frei übersetzt - auf dem Sticker aus den Niederlanden.

Stumme Diener - nein danke!
Von einem Kunden auf die stummen Diener (und ihre Hintergründe) hin angesprochen, reagierte dieser Optiker nachdenklich - er wechselte die rassistische Weihnachtsdekoration aus.

❸ Vermeiden Sie einen zu autoritären Erziehungsstil,
denn Vorurteilsbereitschaft und autoritärer Charakter stehen in engem Zusammenhang.
Kinder die selbstbewußt und offen sind, werden es eher schaffen, auf Fremde ohne Angst zuzugehen. Und sie werden sich eine eigene Meinung bilden, auch wenn alle anderen sagen: die Schwarzen stinken und sind blöd!

❹ Spüren Sie den eigenen Vorbehalten nach
- oft sind es alte Geschichten und Gefühle aus der Kindheit, alte gelernte Bilder (z. B. das vom bösen Schwarzen Mann), die einfach wieder hochkommen, auch wenn Sie rational rassistisches Verhalten längst ablehnen.

❺ Rassismus ist (auch) ein gesellschaftliches Problem!
Nutzen Sie politischen Einfluß, machen Sie den Mund auf und entlarven Sie den Sündenbock-Mechanismus und den Nutzen des Freund-Feind-Denkens. Am besten geht dies in der Gruppe.

❻ Zeigen Sie Solidarität mit den Opfern!
Widersprechen Sie, gucken Sie nicht weg, wenn in der Straßenbahn ein Ausländer angepöbelt wird. Mischen Sie sich, wenn

es möglich ist, ein. Rassistische Gewalttäter brauchen das Gefühl, daß eine schweigende Mehrheit hinter ihnen steht – zeigen Sie, daß Sie nicht dazugehören.

❼ Suchen Sie das Gespräch mit den (Wort- und Handlungs-)Tätern! „Mit denen kann man doch gar nicht reden", ist oft der erste Gedanke, wenn es um die Möglichkeit eines Dialogs – z. B. mit neofaschistischen und rassistischen Jugendlichen geht. Versuchen Sie es trotzdem – aber lassen Sie keinen Zweifel daran, daß Sie rassistisches Denken und Handeln nicht billigen. Das Beispiel des Sindelfinger Pfarrers zeigt Ihnen – es geht.

❽ Sie müssen das Rad nicht neu erfinden! Es gibt viele Gruppen, Materialien und Aktionen gegen Rassismus, die Ihnen bei Ihren eigenen Vorhaben helfen können.

❾ Witz und Schlagfertigkeit sind die besseren Waffen! Predigten und moralische Appelle gegen den Rassismus sind meistens leider wirkungslos. Kleine rassistische „Einlagen" von Nachbarn, Kollegen oder Verwandten pariert man besser mit Humor, denn: sauertöpfische Menschen haben in dieser Welt noch nie etwas verändert.

Grenzgang zu den Skins, um Haß abzubauen

Ein Sindelfinger Pfarrer und sein ungewöhnlicher Dialog mit rechtsradikalen Jugendlichen

Von Peter Henkel (Stuttgart)

An diesem Abend aber, und nicht zum ersten Mal sitzt Seiler mit diesen jungen Leuten in ihren Bomberjacken und Springerstiefeln in seinem Wohnzimmer und hört ihnen zu, wie die Wortführer ihrer Ausländerfeindlichkeit freien Lauf lassen und sich frank und frei zu ihrem Haß bekennen. Einer, erst 17 Jahre alt, aber mit der rhetorischen Begabung eines Volksredners, ist wie aufgedreht. Udo, nennen wir ihn so, war bis vor kurzem auf einer Schule, deren Schüler zu siebzig bis achtzig Prozent Ausländer sind. Durch Udos Rede zieht sich traumatisch ein roter Faden: Er und seine deutschen Mitschüler waren und sind Objekt der Gewalt jugendlicher Ausländer. Der Rekord an blauen Flecken, die er einen Arzt zählen ließ, steht bei 82. Udo hat seine Lehren daraus gezogen: „Das einzige, was dich am Leben erhält, ist der Haß.“ Niemand widerspricht, einige stimmen zu. Früher war Udo „tierisch christlich“, ein bißchen ist der Glaube immer noch da, aber jetzt ist bei ihm, dem ehrenamtlichen Rot-Kreuz-Helfer, „das Nationale immer stärker geworden“.

Nicht nur bei ihm. Heiner, ein Metzgerlehrling, auch er arbeitet in der Freizeit beim Roten Kreuz: „Mein Haß steigt immer mehr. Ich höre nicht auf. Und meine Liebe zu Deutschland, die kommt aus dem Herzen raus“ . . .

Ausländer und Asylbewerber – „ich werf die alle in einen Topf, ist mir ganz egal“, tönt Udo – gibt es immer mehr, seine subjektiv nachvollziehbare Angst vor den Fremden auch. Eigentlich würde sich Udo ganz gern mal mit den Ausländern hier am Wohnzimmertisch von Pastor Seiler zusammensetzen und reden. Aber im Ernstfall käme er nicht – denn, wie ein anderer ergänzt, die bringen es fertig „und drükken dir sogar hier eine rein“. Oder sie verschleppen gleich den Pfarrer Seiler. „Dann“, sagt Heiner, „würde der uns endlich richtig verstehen.“ Seiler allerdings meint nachsichtig lächelnd, er verstehe seine Gäste auch so.

Der Befund des Theologen ist schlicht und umfassend: Angst. Angst, die die Ausländer empfinden und diese jungen Deutschen auch. Wo Angst ist, sind die Feindbilder nicht weit. Deren Abbau ist eins seiner Ziele. Deswegen hat er kürzlich die Skinheads in seinen Gottesdienst eingeladen, wo sie nun in der vordersten Bank saßen, zusammen mit den besser beleumdeten gewöhnlichen Gliedern der Sindelfinger Johannes-Gemeinde, und sprachen sich aus.

In Kontakt mit den Skinheads war Seiler dadurch gekommen, daß er sich nach einigen Angriffen auf örtliche Asylunterkünfte einfach auf sein Fahrrad gesetzt und die seit einigen Monaten fast allabendlich im Wald tagende Gruppe kurzerhand besucht hatte – „mit weichen Knien“, wie er nachher bekannte.

Aber es gab einen freundlichen Empfang. „Sie sind der erste, der mit uns redet, die anderen haben alle Angst vor uns“ war ihm damals gesagt worden. Mittlerweile hat der Kirchengemeinderat nach langer Debatte einschließlich der Anrufung des Heiligen Sankt Florian („gern, nur nicht bei uns!") den Skinheads im Gemeindezentrum zweimal pro Woche abends einen Raum zu überlassen beschlossen.

Natürlich legt Seiler, nicht nur als zweifellos ziemlich weit links stehender Vertreter einer „verbal-humanitären Intelligenzia", größten Wert auf die Selbstverständlichkeit, daß mit solchem Entgegenkommen keinesfalls eine „Anerkennung oder stillschweigende Duldung nationalistischer, rassistischer oder rechtsextremistischer Gedanken durch die Kirche" verbunden ist. „Die Skins leiden an den Defiziten, die wir ihnen als Eltern, Lehrer, Gesellschaft mitgegeben haben", stellt Seiler fest und tut nur mal wieder das, was er gewöhnlich tut: sich einmischen. Sein Moto: „Die Kirche ist nicht offen für jede Lehre, aber für jeden Menschen." Die Sache ist ja eigentlich auch ganz einfach, aber in der Praxis offenbar so unendlich schwierig. Sonst wären Skinheads und andere Außenseiter keine so exotische Ausnahme in deutschen Wohnzimmern.

Frankfurter Rundschau, 13.12.91

DAS PROJEKT „NEGA-TIEF"

Wir sind die Besitzer einer Sammlung von Hunderten von *Neger-Bildern*. Sie heißen deshalb so, weil sie unser Klischee widerspiegeln und nicht etwa Darstellungen der wirklichen Menschen aus Afrika sind. Zu den Gegenständen gehören Nickneger und Kaugummipapierchen, stumme Diener und Kaffeedosen, meist normale Gegenstände unserers Alltags, die erst auf den zweiten Blick auffallen.

Wie kommen wir zu solch einer bizarren Sammlung? Am Anfang der Geschichte standen Reisen nach Afrika, ab 1972 nach Obervolta (Burkina Faso), Kenia, Dahomey (Benin), Lesotho und Südafrika und danach das Leben in Kamerun, wo wir zwei Jahre lang den Alltag als sogenannte „Entwicklungshelfer“ erlebten.

Reisen nach Afrika hieß für uns Begegnung mit den eigenen Vorstellungen und Vorurteilen, die Entdeckung, daß jeder Weiße dort in die Fußstapfen von Kolonialherren und Missionaren tritt und das Erschrecken darüber, wie wenig Vorwissen wir über die afrikanische Geschichte und Kultur hatten und wie fest die heimlichen Vorurteile und Vorbehalte waren.

Natürlich wollten wir erzählen von unseren Begegnungen und Erfahrungen, als wir nach zwei Jahren wieder nach Hause kamen. Kameruner Alltag, Gastfreundschaft, Schule und Feste, Konflikte und Freude, Kontakte zu Nachbarinnen über unsere kleine Tochter – das alles war aber, so merkten wir, nicht gefragt. Hitze, Dürre, Malaria, „wie habt ihr euch aufgeopfert“, „habt ihr denn richtig helfen können“, schmutzige Straßen, kameruner Schüler, die natürlich schlechter als deutsche waren, das war die Realität in den Köpfen der meisten unserer Zuhörer, die Afrika aus eigener Anschauung nicht kannten. Und natürlich war es ein sträflicher Leichtsinn, in solch einem Land sein erstes Kind zu bekommen. Allein schon der Hygiene wegen!

Eine unserer Antworten auf diese Erfahrung war, Dias zu zeigen von unseren Kameruner Freunden, Artikel zu schreiben über unsere Begegnungen und Materialien für den Unterricht zu konzipieren, die Mut machen sollten, afrikanische Kultur und Geschichte, das Handwerk und die Literatur in die Schulen hineinzubringen und mit Plakaten und Fotos gegen das Bild des armen, nackten Negers anzugehen.

Die andere Antwort war, den Vorurteilen in uns selbst und um uns

Zur Aktion „Guck mal über den Tellerrand“ der Deutschen Welthungerhilfe und anderer Organisationen hatte der Kinderbuchladen in Düsseldorf 1989 eine Idee: das eine Schaufenster war mit empfehlenswerten Kinderbüchern zum Thema „Dritte Welt“ dekoriert, das andere mit rassistischen Darstellungen aus dem Kinderzimmer. Eine der Reaktionen waren Hakenkreuz- und SS-Schmierereien . . .

herum auf die Spur zu kommen. Wir begannen, Objekte zusammenzutragen, die immer gleiche Klischees zeigten: 10 kleine Negerlein und Kannibalen, treue Diener und wilde Zauberer, nackte Frauen und herzige Kindsneger. Bei fast jedem einzelnen Objekt stand die Frage im Raum: Was ist eigentlich so schlimm daran, am Mohrenkopf, an dieser Puppe, an jener Schachtel? Brachten wir aber zwanzig solcher Dinge zusammen, so kam eine abscheuliche Karikatur zusammen, der NEGER, dem wir in unseren Träumen und Ängsten begegnen. Kein Wunder, daß es da an vielen Müllcontainern und Häuserwänden heißt: Neger raus in den Busch! Freunde wurden angesteckt und sammelten mit, zunächst ungläubig, dann mit Erschrecken, daß diese Objekte wirklich noch heute und überall zu finden sind: Im Kinderzimmer und im Reisebüro, auf Flohmärkten und in Möbelhäusern, im Fernsehen und im Comic, in der Stadtbücherei und der Spielecke des

Alle Jahre wieder – der Mohr zum Weihnachtsfest!

Kindergartens. Mit neuen Augen, denn man sieht nur, was man weiß, fanden wir mehr und mehr. Das Interesse anderer wuchs schnell, genau wie die Ausländerfeindlichkeit und der offene Rassismus in unserem Land. Wir hielten Diavorträge über unsere Sammlung, machten Ausstellungen und merkten, wie wichtig die Auseinandersetzung mit den konkreten Dingen für die Bilder im eigenen Kopf ist, denn der alltägliche Rassismus wurde so plötzlich greifbar.

Die Zahl der Anfragen wuchs und damit auch die Idee: Warum soll der Prozeß des Entdeckens nicht auch für andere möglich sein? Es müßte doch viel wirkungsvoller und interessanter sein, selbst zu sammeln und eine Ausstellung zu machen, statt sich die fertig aufbereiteten Objekte auszuleihen oder sich einen Diavortrag anzuhören. Objekte sind ja reichlich um uns herum vorhanden, es müßten nur Hilfen zum Einstieg und aufbereitete Informationen zu den Hintergründen da sein. Angela Tamke von der Deutschen Welthungerhilfe, die unsere NEGA-Sammlung und unsere Arbeit kannte, war begeistert von der Idee, das alles einem größeren Kreis zugänglich zu machen. Und in Helga Rathjen vom museumspädagogischen Dienst des Bremer Überseemuseums, fanden wir eine kompetente Partnerin, die mit interessierten Schulen im Bremer Umkreis arbeitet und das Projekt Negatief durchführte. Aus den Grundsatzmaterialien und Ideen, die wir diesen Arbeitsgruppen und den interessierten Lehrerinnen zur Verfügung gestellt hatten, aus den Erfahrungen und Entdeckungen mit den Bremer Arbeitsgruppen und aus der intensiven Diskussion mit Helga Rathjen entstand die Idee zu diesem Buch.

Zur Nachahmung empfohlen: das Projekt Negatief

Im Sommer 1990 wurden mit diesem Ausschreibungstext Gruppen und Schulklassen gesucht, die beim Projekt zum alltäglichen Rassismus mitmachen wollten:

Projekt NEGA-TIEF
„Unser Bild vom Schwarzen Mann“
oder: Der alltägliche Rassismus um uns herum
Jugendliche machen eine Ausstellung
Konzept: Regina und Gerd Riepe
Durchführung: Deutsche Welthungerhilfe und Übersee-Museum

Warum Afrika?
Afrika ist weit. Gibt es für die pädagogische Arbeit nicht wahrhaftig aktuellere Beispiele von Rassismus und Ausländerfeindlichkeit?
Afrika ist weit, und ebenso weit sind unsere Nega-Bilder von den lebendigen Menschen dieses Kontinents entfernt: die NEGA-Bilder, um die es in der Ausstellung gehen soll, stehen für Bilder, die unsere Einstellungen prägen - oft ohne daß wir sie bewußt wahrnehmen.

Warum NEGA-BILDER?
Lernziel: Rassismus abbauen. Ein brisantes Thema: wie vermeiden, daß Jugendliche sich unter dem pädagogischen Dampfhammer fühlen und blockieren oder sich spontanmitleidig solidarisieren ohne Konsequenzen, weil nicht wirklich nachvollzogen? Wir wollen ein Projekt versuchen, das Jugendlichen Raum läßt - ohne Zeigefinger, pädagogische Lehrsätze oder Schuldzuweisungen. Deswegen sollen bewußt nicht ihre eigenen Verhaltensweisen - etwa gegenüber türkischen Mitschülern oder Nachbarn aus dem Libanon - zum Thema gemacht werden - gar noch im Beisein von Mitschülern oder Gruppenmitgliedern anderer Nationalitäten, die auf diese Weise zu Objekten mitleidiger Neugier und Selbstreflexion gemacht würden. Stattdessen wollen wir uns mit Objekten auseinandersetzen, Objekten, die unser eigenes Bild vom Fremden reflektieren - und über die auch die ausländischen Jugendlichen in der Gruppe gleichberechtigt mitreden können.

Warum eine Ausstellung?
NEGA-Bilder durchsetzen unmerklich, aber nachhaltig unseren Alltag. Nicht die einzelne „Negerpuppe" oder der „Negerkuß" sind das Problem. Erst die Fülle solcher noch immer allgegenwärtiger Nega-Facetten ergibt ein Gesamtbild, das uns zu denken geben sollte - und soll.

Sehen lernen!
Wenn etwas ausgestellt werden soll, muß gesammelt werden; und in diesem Fall sind die SammlerInnen vor allem die EntdeckerInnen. Nega-Bilder in praktisch allen Bereichen des öffentlichen und privaten Lebens wiederzufinden bringt die erste wichtige Erkenntnis: es gibt sie wirklich, es gibt sie massenweise, alle sind eigentlich vertraut - und sie sind uns bisher nicht aufgefallen.

Sortieren ist Reflektieren!
Zum Ausstellen braucht es eine Auswahl, eine Reihenfolge und eine Idee davon, was erreicht werden soll. Die Fragen, die sich daraus entwickeln, kommen fast automatisch: wie kommen die Bilder zustande - was sagen sie aus - wieso sagen sie nichts über Afrika, aber sehr viel über uns aus?

Ausstellen heißt: sich stellen
Die fertige Ausstellung, die die Jugendlichen in ihrem Umfeld (Schule, Gemeinde, Freizeitheim . . .) der Öffentlichkeit vorstellen, wird Widerspruch und Ablehnung provozieren. Die Gruppe wird sich vorher Gedanken machen müssen, wie sie ihren Ansatz vertritt, ihre Absichten ausstellungsbegleitend deutlich macht (mit Werbung)?, Material?, kleinen Führungen?) und wie sie weiterhin mit ihren Erkenntnissen umgehen will.

Eine Ausstellung - aber wie?
Ein bißchen Zeit erfordert es, eine Ausstellung mit Jugendlichen zu erarbeiten - Expertentum ist keine Voraussetzung.
Wir - Regina und Gerd Riepe als erfahrene "Dritte"-Welt-Pädagogen, Angela Tamke von der Welthungerhilfe und Helga Rathjen vom Über-

see-Museum - wollen Überlegungen zum Thema, Ideen (soweit Sie welche gebrauchen können), Anregungen, Tips, Materialien und praktische Hilfen beisteuern, damit aus einem engagierten Anfang ein rundes Ende wird.

Dazu bieten wir an:

- ein umfangreiches Konzept mit theoretischen Überlegungen zum Thema
- Materialien für Ausstellungsplakate
- pädagogische Begleitung des Projekts

Anmeldungen für Jugendgruppen ab 14 Jahren (ggf. etwas jünger) im Übersee-Museum, Tel. 397 97 36.

Insgesamt beteiligten sich acht Schulklassen, die jeweils etwa zwei Monate am Thema arbeiteten. Wo möglich, wurde der Einstieg mit einem Museumsbesuch begonnen: Die Jugendlichen wurden mit ‘exotischen‘ Objekten des Museums konfrontiert und in einer anschließenden Diskussion mit der Problematik der Wahrnehmung des Fremden aus dem Blickwinkel des Eigenen konfrontiert. Die weitere Arbeit fand in den Schulen statt. Bis auf eine 10. Gymnasialklasse stellten alle

Spitzensportler als „Vorzeige-Schwarze“

Hamberger Schulklasse räumte mit Vorurteilen auf

Hambergen (ly). Afrika? „Die Neger haben doch alle krause Haare, dicke Lippen, keine Kleidung, Nasenringe und einen Speer in der Hand.“ Michael faßte zusammen, was fast alle in der Klasse 10.1 in der Hamberger Haupt- und Realschule zuerst gedacht haben. Zuerst, das heißt bevor sich die Schülerinnen und Schüler mit dem Thema näher befaßt hatten. Dann fuhr die Klasse 10.1 ins Bremer Überseemuseum. „Wie stellen wir uns den schwarzen Mann vor?“ lautete die zentrale Frage. Die Deutsche Welthungerhilfe hatte das Projekt „Nega-tief“ in Zusammenarbeit mit dem Überseemuseum entwickelt. Ziel sind bessere Kenntnisse über Afrika.

Die Klasse 10.1 überlegte bei ihrem Rundgang durch das Überseemuseum, wie sich die Menschen in einem afrikanischen Dorf ihren Touri- [illegible] gegen[illegible] verhalten würde[illegible] dachten, [illegible] r k [illegible] lderte

Meist Amerikaner und nicht Afrikaner tau chen in [illegible] auf, fand die „Werbe Grupp[illegible] Bildern wü[illegible]

Gekonnte Verfremdung: mit einer solchen „guten deutschen Familie“ würde niemand werben!

Eine Schülergruppe entwarf im Textlabor ein eigenes Ausstellungsplakat.

Klassen eine kleine Ausstellung her, die zuerst im Rahmen der jeweiligen Schule und als Abschluß im Mai 1991 im Überseemuseum gezeigt wurde.

Trotz einer gewissen Reserve der Kinder und Jugendlichen, ihre Freizeitwelt in die Suche nach stereotypen Bildern von Afrikanern einzubeziehen, kam eine große Materialfülle zusammen, die sich vor allem auf die Auswertung von Zeitschriften und Werbung stützte. Das Material war in allen Gruppen sehr ähnlich, aber es wurde ganz unterschiedlich verarbeitet:

- Bilder wurden Stereotypen zugeordnet, die zuvor aus der kritischen Bildbetrachtung formuliert wurden
- Bildmaterial wurde in Collagen verfremdet, um die Stereotypen gleichsam auf den Kopf zu stellen
- in einer 10. Gymnasialklasse wurden Text- und Bildmaterial in sehr pointierter Weise im Textlabor mit dem Computer zusammengestellt.

In der kritischen Reflexion zum Abschluß des Projektes schreibt die Museumspädagogin Helga Rathjen: „Die Zielvorgabe, eine Ausstellung zu machen, hat nach meinen Beobachtungen die Intensität in der Arbeit an dem Thema gefördert. Der Zwang zur Auswahl und zur Kriterienbildung für die Auswahl aus der Materialfülle strukturiert die Eindrücke und die Fragen und erlaubt trotz des begrenzten Aspektes des weiten Themas ‚Fremdenwahrnehmung‘ eine ganze Reihe von Problemstellungen. Allerdings machen die Erfahrungen mit den Schülerinnen und Schülern der Einzelprojekte eine gewisse Korrektur der Nega-Bilder, die Jugendliche heute wahrnehmen, notwendig:

Die Bilder der Erwachsenengeneration, geprägt durch die 50er und 60er Jahre, sind andere als die der Jugendlichen, deren Bilderwelt sehr stark geprägt ist von Werbung, dem Unterhaltungssektor und der Modewelt. In diesen Bereichen dominieren Produkte und Leitfiguren aus den USA, wo seit dem Civil Rights Movement eine starke Wandlung des veröffentlichten Bildes vom Schwarzen stattgefunden hat. Jugendliche heute lernen über die Medien positive schwarze Leitbilder kennen, die parallel zu den trivialen Stereotypen aus Witzen, Mohrenkopfverpackungen und Kindermotiven existieren. Da die Medienwelt Kinder schon in einem sehr frühen Alter beeinflußt, werden die trivialen Bilder überlagert von einer positiv besetzten Glamourwelt, in der auch schwarze Amerikaner ihren anerkannten Platz haben. Deswegen liegt es für Kinder und Jugendliche nahe, darin ihre Antworten auf die Fragen nach ihrem Bild vom ‘schwarzen Manne‘ zu finden.“

Schon während der Arbeit der Schulklassen wurde eine Schwierigkeit dieses Ansatzes deutlich: Die Jugendlichen differenzierten zwischen den Schwarz-Afrikanern der Spendenwerbung und der Krisenberichterstattung und den Schwarz-Amerikanern aus dem Fernsehen, der Popmusik und dem Sport. Während das Image des Schwarz-Afrikaners eindeutig negativ besetzt ist, scheint das Bild des Schwarz-Amerikaners bei den Jugendlichen erst einmal positiv besetzt zu sein, ist er doch häufig ihr Held oder Idol. Die Einsicht, daß die Reduzierung auf einen schmalen Sektor des Lebens, nämlich das Showgeschäft mit Musik, Film und Leistungssport ebenfalls zum Hintergrund rassisti-

Unser Bild von Afrika – aus Spendenwerbung und Katastrophen-Berichterstattung zusammengestellt.

Aus einer Sammlung von Eigenschaften wurden nach Schülerbefragungen die treffensten herausgesucht und zugeordnet – ein Aspekt des Vorurteils wird so sichtbar.

scher Sichtweisen gehört, stößt auf starke Abwehr, denn: Die populären schwarzen Idole haben schließlich etwas geschafft (Popularität, Reichtum, etc.) was nur wenigen möglich ist. Sie stehen für den amerikanischen Traum, daß man es vom Tellerwäscher zum Millionär, vom Slum-Kid zum Showstar bringen kann, wenn man sich nur genug anstrengt.

Die Schülerinnen und Schüler identifizieren sich mit ihrem Idol, suchen in ihm ein vollkommenes Vorbild. Doch die Identifikation mit einem „Neger“ stuft sie selbst zurück, statt sie zum Star emporzuheben. Deshalb darf dieser Star kein solcher „Neger“ sein - auch wenn er schwarz ist. Michael Jacksons Versuche, sein Äußeres zu verändern, immer mehr das „Neger-Sein“ hinter sich zu lassen, kommen diesem Bedürfnis seiner Fans entgegen.

Der Erfahrungshorizont von Kindern und Jugendlichen bezieht sich auf das Individuum und nicht auf gesellschaftliche Zusammenhänge. Und dieses Individuum hat es hier ja wirklich geschafft, ist toll, schön und reich. Die gesellschaftlichen Hintergründe müssen dagegen erst erschlossen werden.

In der Bildungsarbeit stößt man noch auf ein weiteres Problem: Die Jugendlichen wehren sich dagegen, daß schon wieder progressive, redegewandte Pädagogen ihnen ein Problem nahebringen wollen. Sie fühlen sich bedrängt und verweigern sich. Immer dann, wenn im Projekt das Problem erkannt wurde und die Schülerinnen und Schüler ihre eigenen Bilder und Vorstellungen einbrachten und sich wehrten, statt einfach fraglos Dinge nachzuvollziehen, kamen spannende Prozesse in Gang. Die Diskussionen in den Gruppen und später mit den Pädagoginnen und Pädagogen brachten Aspekte hervor, die unserer „Erwachsenensicht“ entgangen waren.

Die sichtbaren Ergebnisse der Arbeit gingen weit über alle Erwartungen hinaus - die unsichtbaren, das, was an Fragen und Erkenntnissen, an Spaß und Erfolgserlebnissen durch das Projekt ausgelöst wurden, lassen sich nur erahnen. All das kann anderen nur Mut machen, es einmal zu probieren und sich auf das schwierige Thema „Rassismus - unser Bild vom schwarzen Mann“ in der Schule einzulassen.

Anmerkungen

Von Hühnern und Menschen

1 „Hildener Woche", 1987.
2 Kretschmer: Konstitution und Rasse, in: Biologische Antropologie II. Stuttgart 1972, S. 282.
3 Kretschmer a.a.O. S. 288.
4 Zitiert in: Schulze: Grundsätzliches zur Rassenfrage. Berlin 1921, A. 12.
5 Zitiert in: Schulze, a.a.O. S. 13/14.
6 Burger-Nöthling: Das Geheimnis der Menschenform. Wuppertal-Barmen, 1958, 6. Auflage, (erste Auflage: Berlin 1921). Abb. und Texte: S. 178, S. 184, S. 216, S. 293, S. 271.
7 Schulze, a.a.O. S. 19.
8 Saller: Judenfeindschaft als Erscheinungsform des Rassenhasses. Zit. in: Oguntoye, Opitz, Schultz (Hg): Farbe bekennen. Berlin 1986, S. 89.
9 Stolberger Nachrichten, 7.6.91
10 Stolberger Nachrichten, 7.6.91.
11 Eschweiler Nachrichten, 11.6.91.
12 Eschweiler Nachrichten, 4.9.91.
13 TAZ, 26.9.91.
14 Kalpaka/Ränzel: Die Schwierigkeit, nicht rassistisch zu sein. Leer, 1990, S. 13.

Wie Europa Afrika entdeckte

1 Oliver Dapper: Monumenta Ethnographica, 1668.
2 Zitiert in: Reimer Gronemeyer (Hg): Der Faule Neger. Reinbeck bei Hamburg 1991, Seite 89.
3 G. Mana: Christen enttäuschen Christus nicht, in: 7 Themen zu Afrika. Misereor, Aachen o.J.
4 Johannes Paas S.M.A.: Das Negerpriesterseminar Katigondo, Uganda, in: Die kath. Missionen. Mitglieder der Gesellschaft Jesu (Hg). Aachen 1928.
5 Johannes Paas a.a.O.
6 P.H. Wesche S.V.D.: Das Missionshaus St. Wendel, Trier 1917, Seite 86.
7 Der Spiegel 16.5.1988.
8 Heinrich Loth: Sklaverei. Wuppertal 1981, Seite 69.
9 Nach James Pope-Hennessy: Geschäft mit der schwarzen Haut. Wien-München-Zürich 1970.

Ich bin doch nicht dein Neger

1 Die Wörterbücher von Küpper wurden mit Hilfe tausender Informanten zusammengetragen; die hier vorgestellten Begriffe stammen aus den Bänden:
H. Küpper: Handliches Wörterbuch der deutschen Alltagssprache. Wiesbaden o. J.
H. Küpper: Wörterbuch der deutschen Umgangssprache, Band V und VI. Hamburg/Düsseldorf 1967, 1970.
2 In: A. Grabner-Haider (Hg.): Praktisches Bibellexikon. Freiburg 1969, S. 785.
3 Barbro Krüger-Baffoe; Was kann denn ein Neger dafür, daß er ein Schwarzer ist, in: IAF - Informationen 4/91, Frankfurt a. M., S. 6
4 Mamood Mamdani: Politics and Class Formations in Uganda. New York 1976, zit. in: Okwudiba Nnoli: Tribalismus oder Ethnizität. In: Rüdiger Jestel: Das Afrika der Afrikaner. Frankfurt a. M. 1976.
5 Barbro Krüger-Baffoe a.a.O., S. 6.
6 Initiative Schwarze Deutsche (ISD) in: IAF-Informationen a.a.O. S. 9.
7 Ellen Wiedenroth; Was macht mich so anders in den Augen der anderen? In:

Oguntoye/Opitz/Schultz (Hg): Farbe bekennen. Berlin, 1986, S. 164/165.

Wilder Mann und nackte Frau

1 Gisela Fremdgen: . . . und wenn du dazu noch schwarz bist. Berichte schwarzer Frauen in der Bundesrepublik. Bremen, 1984, S. 104.
2 Jean Marc Reiser: Leben unter heißer Sonne. Kiel, 1989, S. 35, S. 37, S. 47, S. 70, S. 65.
3 Katharina Oguntoye, May Opitz, Dagmar Schultz (Hg): Farbe bekennen, afrodeutsche Frauen auf den Spuren ihrer Geschichte. Berlin 1986, S. 45.
4 Oguntoye, . . . a.a.O. S. 49.
5 Eugen Fischer in: Menschliche Erblichkeitslehre, 1927, zit. in: 100 Jahre deutscher Rassismus, Katalog zur Ausstellung und Arbeitsbuch, Hg. Kölnische Gesellschaft für Christlich-Jüdische Zusammenarbeit. Köln, 1988.
6 100 Jahre Deutscher Rassismus a.a.O. S. 54 u. S. 97/98
7 Dr. Hans Macco: Rassenprobleme im Dritten Reich, zit. in: Farbe bekennen a.a.O. S. 53.

Zehn kleine Negerlein

1 epd 17/80, Seite 5-7.
2 Nach einer Idee von Rosemarie Inge Prüfer.
3 Expreß, Köln 26.4.91.

Der Missionar im Kochtopf

1 Sigmund Freud: Der Witz und seine Beziehung zum Unbewußten. Frankfurt a.M. 1986 (Fischer TB 6083), S. 98.

Kinderträume werden wahr

1 Dirks Andrees: Der Sarotti-Mohr- oder die Geschichte einer ewig jungen Werbefigur. In: F. Knilli u.a. (Hg): Medienmagazin I (Im deutschen Reich der Zwerge, Riesen und Schutzengel. Mythen von Kirche und Kapital). München 1974, Seite 135.
2 Dirks Andrees, a.a.O. S. 135.
3 Wolfgang Majer: Der Sarotti-Mohr, Lebendiges Symbol, in: FAZ 6.6 1989.
4 Mitgeteilt von Rosemarie Inge Prüfer, Köln.
5 In: IAF Nachrichten 9/10 1991, Verband bi-nationaler Familien und Partnerschaften Mainzer Landstr. 147, 6 Frankfurt a.M.
6 Helga Emde: Als ‚Besatzungskind' im Nachkriegsdeutschland, in: Katharina Ogutoye u. a., Farbe bekennen. Berlin 1986, Seite 104.

Schwarze Gazellen und braune Bomber

1 Nach: Der Spiegel 39/1987, Seite 115.
2 Der Spiegel 34/1984.
3 Der Spiegel 36/1991.
4 Der Spiegel 34/1984.
5 Nürtinger Zeitung, zitiert in: Der Spiegel 25.6.90.
6 Die Interviewantworten entstammen den folgenden Zeitungen: Express 3.12.1990, taz Herbst 1991, Express 11.9.1990, ran 1.91, Bild 3.12.90.

Dienstbare Geister gesucht

1 Deutsches Schloß- und Beschlägemuseum in Forum Niederberg: Handzettel zur Ausstellung „Der stumme Diener" (Velbert 1990).

Was ist süß am Negerkuß?

1 Meyers Lexikon, Mannheim, 1969
2 Heinz Peter: Der junge Konditor. Gießen, 1973, S. 166.

Musik liegt ihnen im Blut

1 Die folgenden Ausführungen lehnen sich an das Buch an: Astrid Eichstedt/Bernd Polster: Wie die Wilden. Tänze auf der Höhe ihrer Zeit. Berlin 1985 S. 12-16.
2 Langston Hughes, in: Meine dunklen Hände, Hg. von Eva Hesse und Paridam von dem Knesebeck. München, 1953
Übersetzung:
Bänkelsänger
Nur weil mein Mund/Beim Lachen breit ist/Und meine Kehle/Voll Gesang,/ Glaubt ihr, daß ich/Niemals leide - /Verhielt ich doch den Schmerz/ so lang? Nur weil mein Mund/Beim Lachen breit ist/Vernehmt ihr nicht/ Den tiefen Schrei der Not,/Weil meine Füße/Flink zum Tanz sind,/Wißt ihr nicht/um meinen Tod?
3 Artikel über die Gruppe „Living Colour", in: „Wiener", Nr. 8, Aug. 1990.
4 Helga Emde: Als Besatzungskind im Nachkriegsdeutschland, in: Oguntoye/Opitz/ Schultz (Hg): Farbe bekennen. Berlin 1986, S. 110/111.
5 Audre Lorde: Gefährtinnen ich grüße euch, in: Farbe bekennen, a.a.O. S. 14.
6 Wolfgang Bender in: Afrika erfahren. Mat. für die Schule Nr. 14 Miseror 1988, S. 104.
7 Aus einem Interview von Wolfgang Bender mit Fancis Bebey, zit. in: Afrika erfahren, Mat. für die Schule Nr. 14. Misereor, 1988, S. 106.

Rassismus „objektiv"

1 Zahlenangaben nach: Statistisches Bundesamt (Hg.), Datenreport 1989. Bonn 1989, S. 357.
2 Elisabeth Erhorn: Bittere Lektion, in: Publik Forum vom 15.6.1990.
3 El Loko: Mawuena. Erkrath 1983, S. 63.

Vom Schlaraffenland in den Kolonialwarenladen

1 Kreuz und Schwert - im Kampfe gegen Sklaverei und Heidentum, Missions- und Unterhaltungsblatt für das katholische Volk, besonders für die Mitglieder des Afrika-Vereins deutscher Katholiken, Hg: Walter Helmes, Münster, 1895, S. 93.
2 Irvine, L.G./Macauly, D: The life history of the native Labourer, 1905, Zit. in: R. Gronemeyer (Hg): Der faule Neger - vom weißen Kreuzgang gegen den schwarzen Müssiggang. Hamburg, 1991, S. 77.
3 Der Spiegel Nr. 31/1990.
4 Bernardin de Saint Pierre: Reise zur Ile de France, 1768/1770. Zit. in Jean Meyer: Sklavenhandel. Ravensburg, 1990. S. 30.

Negeraufstand in Kuba

1 Der Spiegel 3/1991, Seite 113.
2 Der Turm, Bad Godesberg 1960, Lied Nr. 418.
3 William Arens: The Man-eating Myth. Oxford University Press, New York 1980.
4 Hans Staden: Ein deutscher Landsknecht in der neuen Welt. Leipzig 1929.
5 Arens a.a.O.
6 P. Rosenhuber: Kannibalismus in Alt- und Neu-Kamerun, in: Stern von Afrika. Limburg an der Lahn 1913, Nr. 5, Seite 149.
7 Jaques Attali: Die kannibalistische Ordnung. Frankfurt a.M./New York 1981.
8 Frankfurter Rundschau 6.1.1990.

Nick doch selber

1 Kontinente Nr. 39 vom 1.2.1985.

Das Boot ist voll

1 Gabriele Simon: Wieviel ist zuviel? In: Blätter des iz3w. Freiburg 11/1991.
2 Frankfurter Rundschau 4.1.1992

3 Claus Jacobi: Die menschliche Springflut. Frankfurt a.M. 1969.
4 Claus Jacobi a.a.O. Seite 20.
5 Gabriele Simon a.a.O.
6 Stat. Bundesamt.
7 Stat. Bundesamt.
8 UNHCR - Flüchtlingsrat.
9 World Media 7/91 (M. Müller) in: ai-Info o.J.

Wir werden nicht als Rassisten geboren

1 Albert Memmi: Rassismus. Frankfurt 1987, S. 44 ff.
2 Alexander Mitscherlich: Zur Psychologie des Vorurteils. In: K.D. Hartmann (Hg): Vorurteile, Ängste, Aggressionen. Frankfurt a.M./Köln 1975, S. 10.
3 „Folge einer Identitätskrise". Bericht der Frankfurter Rundschau vom 2.10.90.
4 Gordon W. Allport: Die Natur des Vorurteils. Köln 1971, S. 20.
5 Die folgenden Ausführungen lehnen sich an das Buch an: Lida van den Broek: Am Ende der Weißheit - Vorurteile überwinden. Berlin 1988.
6 Karsten, zit. nach Aenne Ostermann Hans Nicklas: Vorurteile und Feindbilder. Weinheim 1984, S. 36.
7 Aus: UNICEF - Nachrichten 11, 1982.
8 Aus: „Dritte Welt in der Grundschule". Zeitschrift 1/1979.
9 Von den Erfahrungen in Anti-Rassismus-Trainings berichtet Lida van den Broek ausführlich in ihrem Buch. (siehe Anmerkung 5).
10 Veröffentlicht in der Rheinischen Post vom 19.11.91.
11 Hergé: Tim im Kongo. Hamburg, 1989 S. 36.

Wie lassen sich Vorurteile abbauen?

1 Basil Moore: Was ist schwarze Theologie? In: Schwarze Theologie in Afrika - Dokumente einer Bewegung. Hg. von Basil Moore. Göttingen, 1973. S. 17.
2 Allport, zit. in: Ostermann/Nicklas: Vorurteile und Feindbilder. Weinheim 1984, S. 36.
3 Ostermann/Nicklas, a.a.O. S. 52.
4 Bericht der Frankfurter Rundschau vom 12.12.91.
5 Allport, zit. in: Ostermann/Nicklas, a.a.O., S. 53.
6 Lida van den Broek: Am Ende der Weisheit. Berlin 1988.

Bildnachweis

S. 2 Brösel: Werner - Normal ja! Semmel Verlach, Kiel 1987
S. 8 Autorenfotos, Foto: Christoph Klink
S. 11 Die kath. Missionen, Illustr. Monatszeitschrift, 1879, Freiburg i. B., S. 13
S. 14 Schäfer: Volk und Vererbung. Leipzig/Berlin 1938, S. 34 und 21
S. 15 *oben:* Schäfer, a.a.O, S. 54
unten: Schulze: Grundsätzliches zur Rassenfrage. Berlin 1921, S. 32
S. 21 Die kath. Missionen, Illustr. Monatszeitschrift, 1875, Freiburg i. B., S. 12
S. 24 Terra Geographie 7. und 8. Schuljahr. Klett-Verlag 1980, S. 152
S. 25 Terra Geographie, a.a.O, S. 153
S. 26 *Text a)* Albert Schweizer: Zwischen Wasser und Urwald. München 1926
Text b) Aus: Das Buch der deutschen Kolonien. Leipzig 1937
Text c) Aus: Handbuch der Biologie, Band 9. O.O. 1957
S. 28 Sammlung Riepe, Postkarte aus der Kolonialzeit
S. 31 Balladen und Lieder des schwarzen Amerika. Leipzig 1984, S. 48
S. 33 Jehan Mousmier: Journal de la Traite des Noirs. Paris 1957
S. 34 Sammlung Riepe, Dose mit „Kakaotrunk", 60er Jahre
S. 37 Sammlung Riepe, frz. Postkarte
S. 42 Sammlung Riepe, versch. Kartenspiele, ca. 60er, 40er, 80er Jahre
S. 45 Sammlung Riepe, Postkarte, 40er Jahre
S. 46 Sammlung Riepe, Schlüsselanhänger, 80er Jahre
S. 48 Sammlung Riepe, Postkarte ca. 1930
S. 49 Sammlung Riepe, Postkarte ca. 1930
S. 50 Hergè: Tim im Kongo. Hamburg 1989, Erstauflage 1930/31
S. 51 Sammlung Riepe, Postkarte ca. 1940
S. 52 Jean Marie Reiser: Leben unter weißer Sonne. Kiel 1989, S. 70
S. 53 Sammlung Riepe, aus Zeitschriften der 70er und 80er Jahre
S. 54 Sammlung Riepe, *oben:* Postkarte gekauft in Berlin 1989
unten: Zigarrenschachtel
S. 55 Sammlung Riepe, Postkarten aus dem Kongo 60er Jahre u. 40er Jahre
S. 58 Sammlung Riepe
S. 58 Abb. Flugblatt aus: 100 Jahre deutscher Rassismus. Katalog zur Ausstellung und Arbeitsbuch. Hg. Kölnische Gesellschaft für christlich-jüdische Zusammenarbeit. Köln 1988
S. 59 Abb. Plakat aus: Katharina Oguntoye, May Opitz, Dagmar Schulz (Hg.): Farbe bekennen. Afrodeutsche Frauen auf den Spuren ihrer Geschichte. Berlin 1986, S. 48
S. 60 / 61 Sammlung Riepe, Reklameheft für Blitzbirnen ca. 60er Jahre
S. 63 Sammlung Riepe, alte engl. Sammelbilder
S. 64 / 65 Sammlung Riepe, „10 kleine Negerlein", Bilderbuch mit Illustrationen v. Uzarski, ca. 1925
S. 66 bis 79 Sammlung Riepe
S. 82 Photos aus: Stern vom 22.8.91 und Der Spiegel vom 2.9.91
S. 90 Keramikfigur, gekauft 1991
S. 91 altes Emailleschild, Reklame für „Aachener Kaiserbrunnen", diese Firma wirbt heute noch mit dem Diener
S. 92 bis 101 Sammlung Riepe
S. 104 Sammlung Riepe, Postkarte gek. in Kamerun 1988
S. 105 Sammlung Riepe
S. 106 Sammlung Riepe

S. 109 Abb. aus: Astrid Eichstett, Bernd Polster: Wie die Wilden. Tänze auf der Höhe ihrer Zeit. Berlin 1985, S. 12
S. 110 bis 118 Sammlung Riepe
S. 121 Sammlung Riepe, Plakat des BMZ
S. 122 Abb. aus: Unser Rechenbuch für NRW, Heft 1 Klett-Verlag, Stuttgart 1961
S. 123 Sammlung Riepe
S. 128 Denken und Rechnen 2 NRW. Westermann-Verlag 1989/91
S. 129 David Kyungu, Alltagsgeschichte „Mensch guck mich nicht so an", a.a.O., S. 32
S. 131 bis 133 Sammlung Riepe
S. 134 Abb. aus: Hermann Sörgel: Die drei großen „A". München 1938
S. 136 bis 140 Sammlung Riepe
S. 141 Sammlung Riepe, Malbuch, 50er Jahre
S. 142/143 Sammlung Riepe, Hundsköpfige Kannibalen; Holzschnitt in: Underweisung und unzulegen Der Cartha Marina, Straßburg 1530
S. 146 Sammlung Riepe, Rezeptbuch zum Römertopf, von heute
S. 147 Sammlung Riepe (Foto: Jürgen Bringenberg)
S. 148 bis 151 Sammlung Riepe
S. 153 Sammlung Riepe (Foto: Jürgen Bringenberg)
S. 154 aus dem letzten Wahlkampf
S. 155 Abb. aus: ai-Info vom 5. 11. 1991, S. 27
S. 156 Abb. aus: Simplizissimus vom 16.7.1960
S. 158 Abb. aus: Stern vom 17.10.1991
S. 159 Abb. links aus: 100 Jahre deutscher Rassismus, A.a.O., S. 182;
Abb. rechts: Globus
S. 160 Sammlung Riepe
S. 165 Sammlung Riepe
S. 166 Globus
S. 168 A. Grabner-Haider (Hg.): Praktisches Bibellexikon. Freiburg 1969, S. 1060
S. 169 Globus
S. 171 Hergè: Tim im Kongo, A.a.O., S. 36
S. 173 Schülerarbeit
S. 174 T-Shirt, 80er Jahre; Liebigsbild 40er Jahre; Lurchis ges. Abenteuer, Salamander 1960-1970; Mecki bei den Negerlein 1982; Geschenkpapier 1991
S. 176 bis 181 Sammlung Riepe
S. 182 Sammlung Riepe (Foto: Eva Klein)
S. 183 Parkbank in Duisburg, 80er Jahre
S. 184 Sammlung Riepe
S. 185 Sammlung Riepe
S. 188 Sammlung Riepe, gekauft in den Niederlanden, 80er Jahre
S. 189 Foto: Paul Reding
S. 192 Abb. aus: Eulenspiegel Nr. 33, Dezember 1991
S. 196 Sammlung Riepe
S. 197 Sammlung Riepe, Aufkleber 70er Jahre
S. 201 Schülerarbeiten
S. 203 Schülerarbeiten

Trotz Bemühungen konnten nicht alle Quellen eindeutig ermittelt werden. Wir bitten eventuelle Rechteinhaber, mit dem Verlag Kontakt aufzunehmen.